Knaur.

W0075120

*Im Knaur Taschenbuch Verlag ist bereits*
*folgendes Buch der Autorin erschienen:*
Bratkartoffeln für Tina Turner

*Über die Autorin:*
Brenda Stumpf hat viele Jahre erfolgreich in der Gastrono-
mie und im Veranstaltungsbereich gearbeitet, bis sie 2005
mit dem Schreiben begann. Sie ist Autorin einer populären
Krimireihe und lebt an der Nordseeküste.

# Brenda Stumpf

# Schatz,
# muss das sein?

## Die wunderbare Welt der Paare

Knaur Taschenbuch Verlag

**Besuchen Sie uns im Internet:**
**www.knaur.de**

Originalausgabe Januar 2012
© 2012 Knaur Taschenbuch
Ein Unternehmen der Droemerschen Verlagsanstalt
Th. Knaur Nachf. GmbH & Co. KG, München
Redaktion: Mareike Neukam
Umschlaggestaltung: ZERO Werbeagentur, München
Umschlagillustration: Gerhard Glück
Satz: Adobe InDesign im Verlag
Druck und Bindung: CPI – Clausen & Bosse, Leck
Printed in Germany
ISBN 978-3-426-78352-8

2   4   5   3   1

*Für H. K.*
*Soulmate*

# Inhalt

# PROLOG
## Und wenn sie nicht gestorben sind …

… leben sie glücklich bis ans Ende ihrer Tage«, heißt es in Märchen immer, nachdem sich das Liebespaar endlich gefunden hat, halbe Königreiche vereint sind und die Bösewichte ihre verdiente Strafe bekommen haben.

Ach ja?

Behauptet wer?

Woher wissen wir, dass Schneewittchen nicht eine zwanghafte Putzteufelin war, die ihren Prinzen nach der Hochzeit in den Wahnsinn getrieben hat, weil sie ständig hinter ihm herräumte? Immerhin hat sie, als sie bei den sieben Zwergen wohnte, einen großen Haushalt in Ordnung gehalten, Betten gemacht, geputzt, gewaschen, gekocht – für sieben Kerle! Kleine Kerle zwar, aber bestimmt haben sie Dreck gemacht wie die großen, jede Wette. Und sieben Garnituren aus je Jacke, Hemd, Hose, Socken, Schlüpfer und Zipfelmütze bleiben neunundvierzig Kleidungsstücke pro Waschgang, egal, ob in Kindergröße oder nicht.

Nirgendwo steht, dass sie sich darüber beschwert hätte. Stellen Sie sich folgenden Dialog des frisch getrauten Ehepaares vor: »Liebes Schneewittchen, setz dich zu mir, du musst doch nicht ständig putzen.« – »Ach ja? Denkst du, deine Krone räumt sich von allein weg?

Und pass auf, du krümelst schon wieder den Thron voll!«

Der Prinz, der am Ende seiner Mühen Rapunzel kriegte, muss ein Extremsportler gewesen sein, sonst hätte er wohl kaum an einem Zopf den hohen Turm erklimmen können, in dem seine Angebetete eingeschlossen war. Und Rapunzel hatte sich sicherlich durch ihren nun doch eher eingeschränkten Lebensraum zu einer Couch-Potato entwickelt, zumindest steht nirgends im Märchen, dass sie Trimmrad und Hanteln zur Verfügung hatte, um sich fit zu halten.

Wie mag die Ehe der beiden ausgesehen haben? »Los, Rapunzel, lass uns joggen gehen!« – »Och nö, ich sitze gerade so gemütlich auf dem Sofa und lasse mir die Haare wachsen.«

Auch Liebesfilme enden meist damit, dass sie und er sich kriegen. Kuss, Hochzeit, Abblende. Glücklich schweben wir vom Kino nach Hause, nachdem wir anderthalb Stunden mitgefiebert haben, ob es ein Happy End geben wird. Na ja, zugegeben gehen wir natürlich in diese Filme, weil wir schon vorher wissen, dass die Frau und der Mann füreinander bestimmt sind. Selbstverständlich gibt es auf dem Weg zum Happy End Stolpersteine, Missverständnisse und eifersüchtige Rivalen zu überwinden, aber letztendlich siegt die wahre Liebe, klar.

Und danach?

Wie sieht der gemeinsame Alltag aus?

Vielleicht ist sie eine Lerche, die beim ersten Hahnenschrei hellwach aus dem Bett federt und fröhlich zwitschernd in den Tag startet, er aber ein Eulerich, der erst mittags so richtig in Gang kommt, morgenmuffelig am Frühstückstisch hockt und langsam, aber sicher immer verzweifelter wird, weil er ihre morgendliche Energie kaum ertragen kann.

Oder der Ärger beginnt mit dem gemeinsamen Konto, denn Ehe bedeutet eben auch, in Geldfragen Einigkeit zu erzielen. Ist nämlich einer der beiden ein Sparfuchs, während der andere das Geld ausgibt, als hätte er die Lizenz zum Gelddrucken, ist auch hier Streit vorprogrammiert.

Ist das der Grund, warum uns verschwiegen wird, was nach dem Happy End passiert?

Um uns zu schützen? Damit wir den Glauben an die ewige Liebe nicht verlieren?

Wären wir zynisch, könnten wir zu dem Schluss kommen, dass Romeo und Julia nur deshalb das größte Liebespaar der Literatur sind, weil sie durch ihren frühen, tragischen Tod nicht gezwungen waren, gemeinsamen Ehe-Alltag mit endlosen Auseinandersetzungen um die Frage zu erleben, ob lästige Pflichten noch ein wenig aufgeschoben werden können oder sofort erledigt werden müssen.

Oder Antonius und Kleopatra – wie wäre es weitergegangen mit den beiden, wären sie nicht rechtzeitig gestorben? Hätte Kleopatra, die als gottähnliche Herrscherin bekanntlich eine Vorliebe für Alphamännchen hatte, Antonius gnadenlos abgeschossen, sobald sich herausgestellt hätte, dass ihr Angebeteter zwar auf dem Schlachtfeld alle Fäden in der Hand hatte, zu

Hause im Palast aber jegliche Eigeninitiative vermissen ließ?

Die Wissenschaft hat festgestellt, dass es ein rein chemischer Prozess ist, wenn man sich verliebt.
Nicht nur das: Es werden derart viele chemische Botenstoffe und körpereigene Drogen ausgeschüttet, dass Hals über Kopf oder sonst wie Verliebte eigentlich unter gerichtliche Vormundschaft gestellt werden sollten, um sie vor sich selbst zu schützen.
Unser Blick ist hormonbedingt durch die berühmte rosarote Brille vernebelt, was dazu führt, dass das Objekt unserer Begierde rein gar nichts falsch machen kann.
Der eingebaute Weichzeichner in Kombination mit den permanent im Hintergrund säuselnden Geigen verwandelt die Realität für uns in einen wunderschönen Traum.
Unsere Entscheidungen werden alles andere als klaren Kopfes getroffen, und oft genug ist das Erwachen aus dem Rausch recht unsanft. Wir können bereits jahrelang glücklich verheiratet sein, und eines Morgens sitzt uns, wenn wir Pech haben, am Frühstückstisch ein Mensch gegenüber, den wir buchstäblich zum ersten Mal mit klarem Verstand sehen.
Doch erwachen werden wir eines Tages, denn jede Droge verliert irgendwann ihre Wirkung. Ein ordentlicher Joint bedröhnt für ungefähr drei Stunden, ein guter LSD-Trip dauert höchstens acht bis zwölf Stunden, und auch die veritable Vergiftung durch exzessiven Alkoholgenuss wird mit 0,1 Promille pro Stunde abgebaut.

Verliebtheit dauert – im Optimalfall – länger als ein paar Stunden. Ein Sonderfall ist es natürlich, wenn Sie sich unter Drogen- oder Alkoholeinfluss verlieben, dann hat sich die Verknalltheit meist mit dem Abklingen der Rauschwirkung erledigt.

Aber davon soll hier nicht die Rede sein.

Ich rede von der Verliebtheit, die zu einer Beziehung führt.

Der Verliebtheit, die lange genug anhält, dass man mit seinem Schatz zusammenzieht und ihn oder sie vielleicht sogar heiratet.

Niemand ist ohne Macken, und die Wahrscheinlichkeit, einen Menschen ohne zu treffen, ist damit gleich null. Dummerweise sorgt unsere Verliebtheit dafür, dass wir diese Marotten wahlweise komplett ignorieren – Liebe macht blind, wie wir alle wissen – oder überaus charmant finden. Einen Klugscheißer nehmen wir nicht als Klugscheißer wahr, sondern als einen Menschen, der belesen ist, und wir sind stolz, diesen Menschen an unserer Seite zu haben.

Zuerst.

Dann kommt das Erwachen. Wir schrecken hoch wie aus einem tiefen Traum, schütteln den Kopf, weil wir uns kurz orientieren müssen, und reiben uns verdutzt die Augen.

So sieht er also wirklich aus, unser Traumprinz.

Kaum eine Macke ist zwangsläufig geschlechtsspezifisch. Wir kennen weibliche und männliche Ordnungsfanatiker, Einkaufsmuffel und Tierfeinde sowie ihre

Gegenparts, die Messies, Hochleistungs-Shopper und fanatischen Tierfreunde. Die Kunst der glücklichen Beziehung ist es, sich mit den Macken des Partners auszusöhnen und einen für beide Seiten erträglichen Mittelweg zu finden.

Die uns bisher unbekannte Macke unserer Liebsten kann außerdem durchaus eine Chance für uns sein und unseren Horizont auf ungeahnte Art erweitern – immerhin öffnet sie uns eine Tür zu einem uns bis dahin gänzlich unbekannten Universum. Nicht alles, was uns fremd ist, muss zwangsläufig schlecht sein. Vielleicht rückt ein Pessimist an Ihrer Seite die für Sie typische, allzu optimistische Sicht der Dinge wieder ins Lot – und guckt sich umgekehrt bei Ihnen ab, nicht immer alles schwarzzusehen.

Jede Partnerschaft bietet die Möglichkeit, aneinander zu wachsen und sich gemeinsam zu entwickeln. Natürlich setzt das bei beiden Partnern die Bereitschaft dazu voraus, sich auf den anderen einzulassen. Keiner kann vom anderen erwarten, dass er sich gänzlich anpasst, da zwei erwachsene Individuen aufeinandertreffen, die sich entwickelt und ihre Erfahrungen gemacht haben, durch die sie geformt wurden.

Begleiten Sie mich in die wunderbare bunte und schillernde Welt der Macken. Sie werden schnell merken, dass übertriebene Sachlichkeit und der erhobene, pädagogische oder – Gott bewahre! – gar psychologische Zeigefinger hier keinen Platz haben. Wenn Sie beim Lesen genauso viel Spaß haben, wie ich beim Schreiben hatte, dann ist das Ziel erreicht!

# Es werde Licht!

Was würden Sie antworten, wenn man Sie fragte, wer die Glühbirne (oder korrekt: Glühlampe) erfunden hat? Wahrscheinlich käme Ihre Antwort wie aus der Pistole geschossen: »Thomas Alva Edison!«

Richtig ist, dass Edison in der Tat im Jahre 1880 ein Patent auf eine Glühlampe anmeldete, aber bereits in den Jahren zuvor beschäftigten sich andere Wissenschaftler mit dem Thema und meldeten ebenfalls Patente an.

Der Erste, der eine Glühlampe öffentlich vorführte, war 1835 in Dundee der Schotte James Bowman Lindsay, der aber rasch wieder das Interesse an dem Thema verlor. Patente wurden außerdem angemeldet von Frederick de Moleyns (1841), John Wellington Starr (1845) und Alexander Nikolayevich Lodygin (1872). Alle Männer experimentierten mit unterschiedlichen Gasen und Glühfäden.

Edison allerdings entwickelte – nachdem er sich mit seinem größten Mitbewerber, dem Briten Joseph Wilson Swan, zusammengetan hatte – die erste industriell herstellbare Glühlampe, die er 1879 öffentlich vorführte. Deshalb gilt Edison als Erfinder der praktisch nutzbaren Glühlampe. Mit dieser Erfindung war die damals gebräuchliche, eher funzelige Gasleuchte Schnee von gestern, und das Zeitalter der Elektrifizierung begann, da mit der Glühlampe ein Schlüsselprodukt entstanden war, das den Aufbau eines Stromnetzes lohnend machte.

Und es ward Licht.


## DAS PRINZIP FLUTLICHT
### oder
### »Geh ins Licht!«

Heißt es nicht, man sähe ein helles, gleißendes Licht in der Stunde seines Todes? Zumindest berichten das Menschen, die eine Nahtod-Erfahrung gemacht haben. Geh ins Licht und du gehst direkt ins Himmelreich?!

Nun, dann müssen Sie wohl gerade im Sterben liegen, anders ist es nicht zu erklären, dass Sie in Ihrer eigenen Wohnung verzweifelt nach Ihrer Sonnenbrille tasten, denn um sich danach umzuschauen, ist es viel zu hell. Sie haben Panik, dass Ihr kostbarer Sehnerv unter dem grellen Licht einfach verdorren könnte. Moment mal ... Sie müssten doch noch irgendwo dieses Ding ... von der letzten totalen Sonnenfinsternis ... damit man direkt in die Sonne gucken kann, ohne sein Augenlicht zu verlieren ... verdammt!

Tja, Sie hätten Ihrem Partner nicht die Wahl der Lampen überlassen sollen.

Mächtiger Fehler.

Wurden Sie nicht misstrauisch, als er anfing, an den Zimmerdecken Drahtseile zu spannen?

Als er Ihnen Vorträge hielt über »Beleuchtungssysteme«?

Hat das Wort »Deckenfluter« bei Ihnen wirklich keine Alarmglocke schrillen lassen?

Nein, denn Sie waren ja froh, dass er beim Einrichten der gemeinsamen Wohnung überhaupt irgendeinen Enthusiasmus entwickelt hat, nachdem er sich weder für die Farbe der Tapeten noch für die Wahl der Sofagarnitur interessierte.

Sicher, Sie fanden seine Junggesellenbude durch die Neonröhren an den Decken nicht wirklich kuschelig. Aber ist es nicht typisch für Junggesellen, dass der Sinn für Gemütlichkeit manchmal, nun ja, etwas unterentwickelt ist?

Aber jetzt würde er doch bestimmt für Sie beide ein romantisches Liebesnest bauen …

Stolz hat er Ihnen dann sein Werk präsentiert, und es hat Ihnen die Sprache verschlagen. Was hat er vor? Operationen am offenen Herzen – in Ihrem Wohnzimmer? Will er UFOs anlocken, die auf der Suche nach intelligentem Leben auf der Erde sind? Ist ihm nicht klar, dass Sie von jedem Spiegel in der Wohnung die Augen abwenden müssen, weil es keiner Frau auf der Welt schmeichelt, ständig mit gefühlten 10 000 Watt ausgeleuchtet zu werden?

Es wundert Sie sowieso, dass der nahe gelegene Flughafen keinen Protest einlegt, weil das gleißende Licht, das aus Ihren Fenstern strahlt, landende Piloten in die Irre führt und orientierungslos durch den Luftraum fliegen lässt.

Wer weiß, vielleicht war Ihr Göttergatte in seinem früheren Leben einer jener Küstenpiraten, die vollbeladene Schiffe mit Hilfe riesiger Leuchtfeuer angelockt haben, um dann das an den Klippen zerschellte Wrack zu plündern.

Wollten Sie Ihr Leben als Piratenbraut verbringen? Nein? Dann schicken Sie ihn mit dem Auftrag vor die Tür, den Garten »auch so schön hell« zu machen.

Und während er Leitungen verlegt, Laternen aufstellt und Bewegungsmelder installiert, die grell aufleuchten, sobald auch nur eine Schwalbe vorbeifliegt, setzen Sie Ihre Sonnenbrille auf und nehmen die Gelben Seiten zur Hand. Dort finden Sie jede Menge guter Elektriker, die Ihnen einen schönen Dimmer einbauen.

## DAS PRINZIP DUNKELKAMMER
### oder
### »Wo ist mein Blindenstock?«

Es gibt immer wieder Menschen mit seltsamen Hobbys. Der eine macht Fotos von fahrenden Straßenbahnen, der nächste sammelt sämtliche Devotionalien seines Lieblings-Fußballvereins oder Bierflaschenetiketten aus aller Welt, die er von den Flaschen ablöst und in Alben klebt.

Frauen sammeln traditionell gern Schuhe, Teddybären oder winzig kleine Parfümfläschchen, die auch schon mal ein kleines Vermögen kosten und in Setzkästen gestellt werden, damit man sich an ihrem Anblick stets erfreuen kann. Alles relativ harmlos.

Aber Ihr Partner hat ein ganz besonderes Hobby: Er ist ein Stalker.

Ein Licht-Stalker, der Ihnen wie ein Schatten durch

die Wohnung folgt, um hinter Ihnen die Lampen aus-
zuknipsen.

Hört sich ja erst mal gar nicht so unsympathisch an –
ein umweltbewusster Mensch, wie es scheint. Aber in
der Praxis schwindet Ihr Wohlwollen wie ein Schnee-
mann in der Sonne und weicht zunehmender Gereizt-
heit. Ständig hören Sie dieses »Klick«, kaum dass
Sie einen beleuchteten Raum verlassen haben. In den
Sie übrigens umgehend zurückzukommen gedenken,
denn die Waschmaschine ist noch nicht vollständig
entladen, wie jeder sehen kann. Sehen *könnte*, wenn
der Raum nicht stockdunkel wäre.

»Klick«.

Auch die Küche, in der Sie gerade ein Drei-Gänge-
Menü zaubern, steht bei Ihrer Rückkehr schwarz und
schweiget, nur weil Sie mal zwischendurch auf die
Toilette mussten.

»Klick«.

Sie sitzen im Wohnzimmer und lesen, der Partner ist
im Bad – und alles dazwischen ist dunkler als ein Sarg
von innen.

»Klick«.

Sie beginnen sich zu fragen, ob das ewige An- und
Ausgeknipse nicht wesentlich mehr Energie ver-
braucht, als wenn man das Lämpchen – dem sowieso
nur eine 25-Watt-Birne gegönnt ist – einfach mal in
Ruhe brennen lassen würde. Schließlich gibt es in dieser kalifornischen Feuerwache eine Glühbirne, die seit
1901 fast ununterbrochen brennt. Und das bestimmt
nur, weil sie nicht ständig an- und ausgeknipst wurde,
dessen sind Sie sicher.

Jede Diskussion darüber endet in Streit.

Aber Sie lieben Ihren Partner, und so ertappen Sie sich dabei, dass Sie sich nach einem Zweitjob umschauen, damit Sie den Blindenhund finanzieren können, den Sie dringend brauchen, um sich in Ihrer stockdunklen Wohnung zurechtzufinden. Außerdem durchforsten Sie das Programm der örtlichen Volkshochschule nach einem Kurs, um Blindenschrift zu lernen, dann bräuchten Sie schließlich gar kein Licht mehr, wenn Sie lesen wollen.

Oder vielleicht überlegen Sie sich, ihm anzubieten, dass er Ihnen nie wieder etwas schenken muss, weder zum Geburtstag noch zu Weihnachten oder zum Hochzeitstag, wenn Sie dafür so viele Lampen anlassen dürfen, wie Sie wollen.

Irgendwann verlieren Sie endgültig die Geduld und werden richtig sauer. Zu viele blaue Flecken und Prellungen, weil Sie im Dunkeln gegen Möbelstücke gestoßen sind, zu viele zerbrochene Gläser, Vasen und Teller, die Sie von Tischen und Regalen gefegt haben, als Sie sich Ihren Weg durch die totale Finsternis ertasten mussten.

Warum hat er die Wohnung nicht gleich nur mit Bewegungsmeldern ausgestattet? Sicher, man käme sich vor wie in einer Disco mit Stroboskop, aber wenigstens würde er nicht ständig mit diesem verhassten Seufzer aufspringen und hinter Ihnen herrennen.

Warten Sie nicht, bis jedes »Klick« bei Ihnen Herzrasen auslöst.

Kämpfen Sie den Impuls nieder, aus purem Protest jedes, aber auch wirklich jedes Licht in der Wohnung brennen zu lassen – ein offen stehender Kühlschrank ist nämlich auf Dauer wirklich teuer.

Besorgen Sie sich stattdessen lieber eine Stirnlampe. Da haben Sie Ihr Licht immer dabei – und die Batterien dafür zahlen Sie selbst.

# Tierfreunde und -feinde

Vorweg: Was wir im Allgemeinen als Haustier bezeichnen, unser süßes Kätzchen oder unser treues Hündchen nämlich, nennt die Wissenschaft »Heimtiere«. Deshalb heißt es in Prospekten auch immer »Heimtierbedarf«, wenn es um Leckerchen oder Spielgeräte für unsere vierbeinigen oder gefiederten Gefährten geht.

Ein Haustier ist dagegen die domestizierte Form wilder Tiere – ich rede hier von Ziegen, Kühen, Schweinen, Gänsen und Enten, die wir uns halten, um schneller und bequemer an ihr Fleisch und ihr Fell zu kommen. Oder hätten Sie Lust, stundenlang hinter einer Wildsau herzurennen, weil Ihnen gerade nach einem schönen panierten Kotelett ist? Oder aus dem Erpel, den Sie fachmännisch vom Himmel geschossen haben, erst einmal die Schrotkörner zu pulen, bevor Sie Ihre Entenbrust mit Orangensauce genießen können?

Aber das soll nicht das Thema sein.

Ich rede von Heimtieren: Katzen, Hunden, Meerschweinchen, Frettchen, Lurchen, Schlangen und allem anderen, was man sich zu seinem Vergnügen und als Gesellschaft in sein Leben holt.

Nicht zu jedermanns Vergnügen allerdings, denn es gibt Menschen, für die Tiere nie den Sprung vom Haus- zum Heimtier geschafft haben – und niemals schaffen werden. Weder das eine noch das andere Extrem macht im Zusammenleben Spaß.

## WENN DAS TIER DER CHEF IM RING IST
### oder
### »Meine Putzi darf alles!«

Wer sich als Tierfreund zu erkennen gibt, dem fliegen die Herzen der Menschen reihenweise zu – oder er macht sich zum Gespött seiner Umwelt. Wer sich auf dem Land nur zum Vergnügen ein paar Enten im Garten hält, die alles dransetzen, ihren großzügig zur Verfügung gestellten Lebensraum langsam, aber sicher zu zerstören, wird allerorten ausgelacht. »Enten gehören in den Backofen und ihre Federn in einen Kissenbezug«, raunzt der Bauer von nebenan und verfolgt kopfschüttelnd, wie die Enten den einstmals von Fröschen und Fischen bewohnten Gartenteich des Nachbarn leer fressen.

Auch wer nicht auf dem Land lebt, sondern nur in einer Wohnung in der Stadt, hat viele Möglichkeiten, seiner Tierliebe zu frönen. Millionen Katzen und Hunde leben in deutschen Haushalten, und Abermillionen Euro werden von ihren Besitzern ausgegeben, damit die Lieblinge sich wohl fühlen.

Alles gut und schön, solange das Tier – oder gar die Tiere – nicht Ihrem Partner gehört und tyrannisch Ihr gemeinsames Leben bestimmt. Auch für Tierliebe sollte es Grenzen geben. Es ist zwar allerliebst, wenn das puschelige Kätzchen schnurrend auf dem Sofa liegt.

Nicht mehr ganz so schön ist es dagegen, wenn das Sofa dem Stubentiger gehört, das Möbelstück entsprechend mit Haaren übersät ist und als bevorzugtes Werkzeug zum Krallenschärfen benutzt wird – der sündhaft teure Designer-Kratzbaum, für den Sie Ihrem Partner zuliebe einen halben Monatslohn hingeblättert haben, aber verschmäht wird. Anderswo gibt es maßgeschneiderte Terrarien für exotische Echsen, tägliche Kochorgien mit frischem Pansen für den braven Hund (wie kriegt man bloß den Gestank wieder aus der Wohnung?) oder ein eigenes Zimmer für die drei hyperaktiven Frettchen, die der Partner mit in die Beziehung gebracht hat.

»Keine Sorge«, hat er gesagt, »du wirst überhaupt nichts mit ihnen zu tun haben.«

Merken Sie sich unbedingt diesen Satz, denn es ist der Standardsatz aller Tierliebhaber, die ihrem Lebenspartner die Tatsache schmackhaft machen wollen, dass es sie nicht allein, sondern nur im Rudel mit seinen Tieren gibt. Sie waren natürlich viel zu verliebt, um den Wahrheitsgehalt seines Versprechens zu hinterfragen.

Aber jetzt mal ganz unter uns: Haben Sie nie – in Ihrer Kindheit oder Jugend – vor Ihren Eltern gestanden und um ein Tier gebettelt? »Bitte, bitte, Mami, ich verspreche, du wirst gar nichts damit zu tun haben!« Haben Sie nie Stein und Bein geschworen, das Katzenklo immer sauber zu machen, den Hund täglich Gassi zu führen, das Aquarium der Wasserschildkröten regelmäßig zu putzen?

Sehen Sie? Genauso ist es mit den Versprechen Ihres Partners. Natürlich werden Sie mit den Tieren zu tun

haben, die Bestandteil Ihrer neuen Lebensgemein-
schaft sind, und sei es auch nur, weil Ihr Partner täglich mehrere Stunden mit der Hege und Pflege der
kleinen Lieblinge verbringt.

Langhaarige Katzen oder Hunde müssen stundenlang
gebürstet werden, und Gott bewahre, wenn das kostbare Rassetier auf Ausstellungen geschleppt wird, um
Pokale abzusahnen.

Freuen Sie sich in diesem Zusammenhang übrigens
auch auf viele neue Freunde, die nur ein einziges Gesprächsthema haben: die Pokale, die ihr Goldschatz
schon abgeräumt hat oder wie toll ihr preisgekrönter
Pudel stehen kann.

»Stehen?«, fragen Sie verwirrt zurück, denn Ihnen
war bisher nicht bewusst, dass es schon eine Urkunde
wert ist, wenn der Hund aufrecht steht.

Sie ernten mildes Lächeln und amüsiertes Kopfschütteln. Ein Unwissender, der belehrt werden muss!

Und schon kommen Sie in den Genuss eines Vortrags
darüber, dass ein Pudel auf Ausstellungen ja nicht einfach so dasteht, oh nein, die Hinterbeine müssen in
einem ganz bestimmten Winkel nach hinten ... Wenn
Sie schlau sind, täuschen Sie eine Ohnmacht vor und
gehen nie wieder auf eine derartige Veranstaltung.

Um eines klarzustellen: Der Pudel ist ein willkürlich
gewähltes Beispiel. Gleiches gilt für Perserkatzen, Tau-
ben mit albernen Frisuren, winzige tropische Frösche,
absurd große Kaninchen und alle weiteren Tierarten,
die Ihr Partner sich neben Ihnen als Lebensbegleiter
auserkoren hat.

Nun mag es nicht jeder, wenn Vogelspinnen im Haushalt leben oder wenn das geliebte Kätzchen auf dem Esstisch herumläuft und die Reste von den Tellern schleckt. Es soll auch Menschen geben, die ihr Bett nicht mit Tieren teilen wollen – und vielleicht gehören Sie ja dazu.

Zu spät ist es allerdings, wenn Ihre neue Lebenspartnerin in der Nachbarschaft nur als »verrückte Katzenlady« bekannt ist. Ebenfalls zu spät ist es, wenn die Türen Ihrer gemeinsamen Wohnung bis auf Klinkenhöhe von großen Hundekrallen zerkratzt sind, weil »Butzi«, sein kalbsgroßer Labrador, keine Sekunde allein sein kann.

»Keine Sorge, du wirst nichts damit zu tun haben.«
Ja, klar.


## »MIR KOMMT KEIN TIER INS HAUS«
### oder
### Das Leben als kuschelfreie Zone

Sie sind schon eine Weile glücklich verheiratet, als in Ihnen der Wunsch aufkeimt, sich ein Tier anzuschaffen. Eine Katze vielleicht oder einen kleinen Hund; einen süßen Mops zum Beispiel oder einen armen Mischling aus dem Tierheim, der ein liebevolles Zuhause sucht.

Als Sie Ihren Partner mit diesem harmlosen Wunsch konfrontieren, erstarrt sein Gesicht zu einer Maske des Entsetzens. »Mir kommt kein Tier ins Haus«, sagt er kategorisch.

Sie sind verblüfft. »Ja, aber eine kleine Katze, die bemerkst du gar nicht.« Und dann sprechen Sie die magischen Worte: »Du wirst gar nichts damit zu tun haben.« Er lacht höhnisch. »Doch, werde ich. Mein Hintern wird voller Katzenhaare sein, wenn ich mich aufs Sofa setze. Im Bad wird ein stinkendes Katzenklo stehen, und ich darf nie mehr barfuß laufen, wenn ich weder in verschlepptes Katzenstreu treten noch Katzenkotze zwischen meinen nackten Zehen haben will. Sie wird meine Möbel zerkratzen und in den Gardinen schaukeln. Ich darf niemals mehr etwas zu essen offen herumstehen lassen, weil das Mistvieh überall hochspringen und daran nagen wird. Kommt nicht in die Tüte. Katzen gehören nach draußen. Auf Bauernhöfe, wo sie Mäuse jagen können, aber nicht ins Haus, wo sie alles zerstören.«

»Und ein Hund?«, werfen Sie schüchtern ein. »Du gehst doch so gern spazieren. Und er kann in unserem Garten …«

»Was?«, unterbricht er Sie barsch. »Was wird er in unserem Garten? Alles umgraben und in die Ecken kacken, das wird er. Und meine teuren Pflanzen totpinkeln. Toll. Wenn wir spazieren gehen, wird er über Felder und Wiesen galoppieren, bis er nur noch ein schwarzer Punkt am Horizont ist, während wir uns die Kehle nach ihm heiser brüllen wie ein paar Vollidioten. Und wenn er wieder zurückkommt, hat er irgendeine Hundedame geschwängert, und wir kriegen Ärger mit dem Besitzer. Oder unser Hund ist ein Weib, das sich von irgendeinem dahergelaufenen Köter bespringen lässt. Super. Ein paar Wochen später wimmelt es hier dann von Welpen, die unsere Schuhe fressen und überall hinmachen. Diese Viecher lassen sich von Zecken beißen und schleppen uns Flöhe ins Haus. Und wenn wir den Hund allein lassen, strengen unsere Nachbarn nach ein paar Wochen ein Volksbegehren gegen uns an, weil er ununterbrochen bellt. Außerdem: Willst du nur noch in Hotels Urlaub machen, in denen Hunde erlaubt sind?« Er schnaubt. »Wo Hunde erlaubt sind, sind auch kinderreiche Familien willkommen!«, schließt er triumphierend seinen Vortrag und verlässt das Zimmer, um zu demonstrieren, dass das Thema für ihn erledigt ist.

(Die Vorträge über Papageien und Hamster können Sie sich nun vorstellen.)

Sie bleiben verdattert auf dem Sofa zurück.

Ihnen ist, als hätte gerade ein völlig fremder Mensch zu Ihnen gesprochen, und bei dieser Gelegenheit fällt Ihnen auf, dass Sie mit Ihrem Partner offenbar noch nie zuvor über Tiere im Allgemeinen und über Heimtiere im Besonderen geredet haben.

Ein großer Fehler.

Wenigstens dann, wenn Sie Tiere mögen und zumindest nicht ausschließen wollen, irgendwann einmal ein Tier anzuschaffen. Wenigstens später, als Spielkameraden für die geplanten gemeinsamen Kinder, damit der Nachwuchs lernt, Verantwortung für ein Lebewesen zu übernehmen …

Das können Sie sich mit einem Tierfeind an Ihrer Seite getrost abschminken. Aber vielleicht können Sie ihn ja doch noch zu ein paar Fischen oder einer Schildkröte überreden.

# »Aus der Hand schmeckt's doch am besten« oder Sind Tischmanieren noch zeitgemäß?

In der zivilisierten Welt gibt es unzählige Regeln, die das soziale Miteinander überhaupt erst möglich machen. Nicht alle sind irgendwo als bindende Gesetze niedergeschrieben, manche haben sich im Laufe der Jahrhunderte oder sogar Jahrtausende zur gesellschaftlichen Etikette entwickelt. Haben Steinzeitmänner noch die Frau, die ihnen gefiel, einfach am Schopf gepackt und in die nächstbeste Höhle gezerrt, würde dieses Verhalten heute wohl auf erbitterten Widerstand stoßen – oder vielleicht auch nicht, wenn die Erwählte zufällig drauf steht.

Gleiches gilt für Tischmanieren. Hätten sich seit dem Mittelalter die Tischsitten nicht geändert, würden wir bis heute mit den Fingern essen, hörbar schmatzen, ins Tischtuch schneuzen und die abgenagten Knochen auf den Fußboden werfen. Wer nicht rülpste oder lautstarke Winde fahren ließ, dem hatte es vermeintlich auch nicht geschmeckt.

Wie so vieles, wurde auch dies durch die Kreuzzüge verändert, denn die Ritter lernten im Orient feine Tischsitten kennen, die sie bis dahin nicht kannten.

Man sagt, die Wiege der heutigen Tischkultur stehe in Frankreich (gemeint ist wohl der französische Hof), das sich wiederum höfische Tischsitten bei den Italienern abgeguckt haben soll. So heißt es beispielsweise, Ludwig XIV. (1638–1715) habe an seinem Sonnenhof bei Tisch die Gabel eingeführt, obwohl diese damals mit ihren spitzen Zinken, an denen man sich böse verletzen konnte, als Teufelswerk galt.

Im Internet findet man folgenden wunderschönen Satz: »Die korrekte Einhaltung der Tischmanieren gelingt am besten dann, wenn man dabei berücksichtigt, dass gute Tischmanieren nicht ein Mittel der Selbstdarstellung sind, sondern den gemeinsamen Verzehr von Speisen für alle Beteiligten zu einem Vergnügen machen sollen, das nicht durch störende Geräusche oder unschöne Anblicke beeinträchtigt werden darf.«

Dem ist nichts hinzuzufügen.


## RÜCKKEHR INS MITTELALTER
### oder
### Zeitreise im heimischen Esszimmer


Eigentlich fanden Sie den etwas rustikalen Charme Ihres neuen Partners immer spannend und irgendwie … anders. Anders als andere zu sein ist ja heutzutage zum erklärten Lebensziel vieler Menschen geworden. Aber bei Ihrem Gegenüber ist das kein Kalkül, er ist eben so. Das ist auch der Satz, den Sie am häufigsten hören: »Ich bin eben so.«

Schön und gut.

Ein Individualist zu sein, der sich von der grauen Masse abhebt, kann für denjenigen zum Vollzeitjob werden, der dies auf alle Bereiche des Lebens ausdehnen will. Hier interessiert uns nur das Essverhalten.

Tischmanieren lernt man im günstigsten Fall von seinen Eltern. Viele erinnern sich nur zu gut daran: »Sitz gerade, sonst stecke ich dir einen Bügel in den Pullover«, »Nimm die Ellbogen vom Tisch« oder »Rede nicht mit vollem Mund«. Und wirklich, das halbzerkaute Essen im Mund seines Gegenübers ist kein schöner Anblick.

An Ihrem Partner allerdings scheinen derlei Ansagen spurlos vorübergegangen zu sein. Hemmungslos fläzt er sich am Tisch, krümelt, kleckert und grunzt vor Wohlbehagen. Erinnern Sie sich, wie »totaaal süß« Sie das noch am Anfang Ihrer Beziehung fanden? Dass er sich kein Korsett aufzwingen ließ, dass er kein verknöcherter Spießer war?

»In China darf man rülpsen, schlürfen und schmatzen, sonst gilt man als unhöflich«, wird auf Ihre dezente Kritik hin gemault, woraufhin Sie sich nur mit Mühe ein scharfes »Dann zieh doch nach China!« verkneifen können.

Dummerweise haben Menschen mit schlechtem Benehmen immer Argumente dafür, dass ihre Manieren keineswegs unkorrekt sind, und verweisen auf diesen oder jenen, der es genauso macht.

Vor ein paar Jahren gab es eine Werbung für eine Nuss-Nougat-Creme, in der Tennisheld und Lichtgestalt Boris Becker genüsslich sein Messer ableckt, mit dem er zuvor den Schokoladenaufstrich auf seine

Stulle appliziert hat. Deutschlands Mütter heulten kollektiv auf – zu Recht! Wie sollten sie ihren Kindern noch klarmachen, dass sich so etwas nicht nur nicht gehört, sondern dass es zudem auch noch höchst gefährlich ist, wenn unser Bundes-Bobbele es dem Nachwuchs Abend für Abend zur besten Sendezeit vormachte? Ich mag mir nicht vorstellen, wie viele abgeschnittene Kinderzungen er auf dem Gewissen hat!

Bei kleinen Kindern ist es niedlich, wenn nach dem Essen mehr Spinat auf dem Lätzchen und im Gesicht klebt, als in den Magen gewandert ist. Leider weigert Ihr Partner sich, ein Lätzchen zu tragen, und wenn er mit geschlossenem Mund kauen soll, bekommt er angeblich keine Luft. Was bleibt Ihnen übrig?

Sie könnten das Esszimmer mit Plastikfolie auslegen, sich beim Essen Ohrenstöpsel einsetzen und jeden Blick auf Ihr Gegenüber vermeiden.

Sie könnten auch irgendwo anders essen. Allein.

Oder Sie finden sich endlich damit ab, dass Sie mit einem Kreuzritter liiert sind, der noch nie im Orient war.


## DER ABGESPREIZTE FINGER
### oder
### Wo sind die Kreuzritter, wenn man sie braucht?


Ihr Gegenüber hebt eine Augenbraue. »Haben wir keine Fischmesser?«

»Nee, haben wir nicht. Und jetzt? Kommt jetzt die Fischmesserpolizei und verhaftet mich?«

Wie sich herausstellt, findet Ihr Partner Ihre flapsige

Bemerkung gar nicht komisch. Noch eine halbe Stunde, dann stehen wichtige Geschäftsfreunde vor der Tür, und dieses Essen wird eine einzige Blamage werden, weil es Fisch gibt. Ohne Fischmesser.

»Wir sind doch nicht in einer Pommesbude«, mäkelt Ihr Partner weiter. »Na ja, immerhin hast du Fingerschalen hingestellt.«

Nicht nur das. Sie haben Dutzende Gläser in der richtigen Reihenfolge plaziert und den Abstand des Bestecks zur Tischkante mit dem Lineal abgemessen, die Leinenservietten sind faltenfrei und fleckenlos, die silbernen Platzteller sind poliert und funkeln mit den Kerzen um die Wette.

Und Sie wissen: Gleich wird Ihr Partner wieder demonstrieren, dass er vollendete Tischmanieren hat. Niemals würde er Kartoffeln mit Sauce zermatschen, niemals würde er einen Hähnchenschenkel mit den Fingern essen, nein: Er beherrscht sogar die Kunst, ein halbes Grillhähnchen mit Messer und Gabel zu verspeisen, ohne dass auch nur ein Fitzelchen Fleisch an den Knochen bleibt.

»Nur Brot und Artischocken werden mit den Händen gegessen«, informiert er Sie unaufgefordert. Er weiß genau, wie Salat gegessen wird (niemals schneiden oder mit dem Messer auch nur berühren), dass Spargel mit der Spitze nach links auf dem Teller liegen muss, dass *niemals, niemals, niemals* ein Suppenteller gekippt werden darf, um das letzte Restchen Flüssigkeit auch noch herauszulöffeln, und selbstredend darf nicht geschlürft werden (oder das Messer abgeschleckt, Herr Becker!).

So weit, so nervtötend.

Vielleicht könnten Sie sich noch damit abfinden, wenn sich dieses Verhalten auf Essen in großer Gesellschaft beschränkte. Aber nein, dieses Glück haben Sie nicht.

Wenn Sie bisher dachten, recht gute Tischmanieren zu haben und sich beim Essen nicht wie ein Neandertaler aufzuführen, so belehrte Sie Ihr Partner rasch eines Besseren. Selbst ein Käseschnittchen wird mit Hilfe von Messer und Gabel verspeist, nachdem die Margarine hauchdünn aufgetragen wurde, das Messer dabei mit spitzen Fingern geführt wie ein Skalpell. Sogar ein Cheeseburger wird mit Besteck gegessen, den kleinen Finger weit abgespreizt.

Möchten Sie für jeden kleinen Snack den Tisch decken, mit Stoffservietten und allem Drum und Dran? Oder vermissen Sie allmählich die geliebten nächtlichen Küchenbesuche, bei denen Sie die kalten Spaghetti vom Mittagessen direkt aus dem Topf aßen?

Ein Stück Käse auf die Faust, ein spontanes Picknick im Park mit Brötchen und Fleischwurst, die mit einem Taschenmesser geschnitten wird?

Wollen Sie nicht ab und zu Suppe schlürfen, jawohl, ganz laut schlürfen, weil es manchmal einfach Spaß macht?

Oder die leckere Sauce mit Weißbrot vom Teller tunken, jeden Tropfen, bis er ganz blank ist – gehört sich nicht, aber das ist uns manchmal egal, oder?

Was bleibt Ihnen zu tun?

Ganz einfach.

Sie leeren die Fingerschale mit einem großen Schluck, achten dabei sorgfältig darauf, dass Ihnen einige Trop-

fen Wasser über das Kinn rinnen und auf die Tischde-
cke tropfen, rülpsen dann laut und wischen sich zum
Schluss mit dem Handrücken den Mund ab. Sie sind
schließlich nicht die Einzige, die die Spleens anderer
Leute ertragen muss.

# Einkaufsbummel contra Einkaufsliste
## oder
## Wie lang darf ein Einkauf dauern?

Es gibt Menschen, für die ist selbst der Einkauf im Supermarkt ein Vergnügen; für andere ist es eine lästige Pflicht. Für die Wirtschaft eines Landes ist das egal, Hauptsache, die Kaufkraft stimmt.

»Kaufkraft« – ein magisches Wort. Damit ist natürlich nicht gemeint, wie schwer der Einkauf ist, den der Einzelne tragen kann, sondern wie viel Prozent seines monatlichen Einkommens der Bundesbürger bereit ist, in die Kassen der Geschäfte fließen zu lassen. Wirtschaftskrise hin oder her – die Kohle muss aus dem Haus. Bei krisenbedingten Verschiebungen der Interessenlage der Käufer stellt sich der Handel flugs um.

Als unlängst die Wirtschaft einbrach und klarwurde, dass die Menschen, um Geld zu sparen, weniger ausgehen und stattdessen daheim bleiben, gab es sofort einen neuen Trend: »Cocooning«. Das bedeutet nichts weiter, als dass man abends zu Hause bleibt und vielleicht Freunde zum Essen einlädt, weil Restaurants zu teuer sind. Gab es schon immer, wird es immer geben, ist zurzeit aber ultramodern. Und was braucht man für trendkonformes »Cocooning«?

Eine perfekt eingerichtete Wohnung, jede Menge neue, blödsinnige Küchengeräte, mindestens zweihundert Kochbücher, einen Kühlschrank nur für Wein, eine sündteure Espressomaschine …

Und glauben Sie uns: Der Wirtschaft ist es völlig wurscht, wofür Sie Ihr Geld ausgeben und ob Sie dabei bummeln oder nicht.

## »KOMM, WIR GEHEN SHOPPEN«
### oder
### Wir brauchen doch nur Margarine ...

Schon die Wortwahl lässt Böses ahnen, denn es bedeutet etwas, wenn jemand »shoppen« sagt statt »einkaufen«. Hört sich der geplante Einkauf durch die Wahl des englisch klingenden Wortes nicht sofort viel interessanter an? Geradezu glamourös und kosmopolitisch? Ich hole nicht mehr einfach nur Margarine aus dem Kühlregal oder wiege die blöden Strauchtomaten ab, nein: Ich habe ein Einkaufs-Erlebnis. Selbst der popeligste Supermarkt versucht, sich in seiner Werbebroschüre dadurch als reizvolles Ziel zu präsentieren, dass er seine Öffnungszeiten mit dem Slogan »Shoppen bis 22 Uhr!« anpreist.

Einen Partner zu haben, der gern shoppen geht, während Sie selbst einen Einkaufszettel schreiben, den Sie am liebsten rasch und schnellen Schrittes abarbeiten, kann auf Dauer anstrengend werden.

Shopper brauchen keinen besonderen Anlass, Geschäfte zu betreten und sich dort aufzuhalten, es geht um reinen Lustgewinn. Stunden vergehen, in denen sie die örtliche Einkaufsstraße entlang von Geschäft zu Geschäft schlendern, vor Schaufenstern verweilen, um die gekonnt arrangierten Auslagen zu bewundern, und Prospekte und Proben sammeln.

Aber was tun Männer eigentlich, die mal eben in den Baumarkt fahren, erst Stunden später zurückkehren und nicht einmal etwas gekauft haben, außer vielleicht den siebzehnten Satz Schraubendreher, der zufällig im Angebot war?

Schlendern sie zwischen Schlagbohrern und Stichsägen durch die Gänge wie Touristen durch malerische Städtchen?

Kontrollieren sie, ob die Schrauben noch exakt genau so viel wiegen wie in der Woche zuvor?

Hoffen sie gar, dass im Bereich Abflusslogistik für Küche und Bad während der letzten fünf Tage das Rad neu erfunden wurde?

Und die Frauen! Was ist schön daran, über Stunden in einer stickigen Umkleidekabine zu stehen und gefühlte tausend Blusen anzuprobieren, von denen sie dann, zur überschäumenden Freude des Verkaufspersonals, keine einzige kaufen?

»Ich muss darüber nachdenken«, zwitschert die ambitionierte Shopperin, »ich komme dann morgen wieder!«, und die Verkäuferin beschließt spontan, sich krankschreiben zu lassen.

Sie können sich glücklich schätzen, wenn Ihr Partner bei seinen ausgedehnten Einkaufsbummeln nicht darauf besteht, dass Sie ihn begleiten. Warum sollten Sie Ihrem Kerl auch dabei zusehen, wie er im Baumarkt

Holzbretter befummelt oder sich bei Autohändlern sämtliche neuen Modelle erklären lässt?

Ihnen ist das alles völlig egal, Hauptsache, das selbstgebaute Regal bricht nicht zusammen und die Farbe der neuen Familienkutsche beißt sich nicht mit Ihrem Lieblingsmantel.

Gleiches gilt umgekehrt. Von der Partnerin mitgeschleift zu werden, wenn es um neue Schuhe geht oder eine neue Jeans, ist natürlich eine Qual. Sie hat die Wahl zwischen dreiundzwanzig weißen Blusen, die für Sie alle gleich aussehen, und Sie sollen sagen, welche ihr am besten steht? Herzlichen Glückwunsch auch.

## EINKAUF MIT STOPPUHR
### oder
### »Ich warte draußen, Liebling!«

Nun, Sie sind nicht gerade ein Shopaholic, aber Sie lassen sich auch ungern hetzen, wenn es um den Wocheneinkauf oder neue Tapeten geht. Schließlich will wohlüberlegt sein, worauf man am freien Wochenende Appetit bekommen könnte oder ob die Wohnzimmerwand in Zukunft grün kariert oder gelb gestreift sein sollte.

Sie sind aber mit einem Partner geschlagen, der genervt mit der Fußspitze auf den Boden tappt, während er alle drei Sekunden auf die Uhr guckt. Am Wochenende, wenn in der Tageszeitung die vielen Prospekte sind, sitzt er am Küchentisch und arbeitet minutengenaue Einkaufspläne aus – und die Liste ist Gesetz. Heißt: Es wird genau das gekauft, was darauf steht, nicht mehr und nicht weniger. Einfach nur »Grillen« auf die Liste zu schreiben und sich dann an der Fleischtheke spontan inspirieren zu lassen kommt nicht in Frage. Nein, es werden 6 Rostbratwürstchen, 4 Koteletts und 2 Nackensteaks gekauft, genau wie es vorher geplant war.

Alles andere kostet Zeit, Energie und womöglich auch noch Geld.

Mehr Geld als eingeplant.

»Muss das sein?«, wird genervt gequengelt, wenn Sie auf dem Weg nach Hause noch kurz einen ungeplanten Halt machen wollen. Sie lassen nicht locker, und schließlich bekommen Sie Ihren Willen – aber nicht ohne Druckmittel: »Beeil dich. Ich warte im Auto.«

Jetzt haben Sie zwei Möglichkeiten.

Sie lassen sich dadurch Daumenschrauben anlegen, hetzen aufgescheucht durch das Geschäft, treffen übereilte Entscheidungen, zappeln in der Kassenschlange und drehen fast durch, als die Frau vor Ihnen an der Kasse beginnt, der Verkäuferin die verlangte Summe in Centstücken in die Hand zu zählen, »Moment, ich müsste in der Jackentasche noch ein paar Münzen …«, dann stellt sie fest, dass es doch nicht reicht, sammelt die Münzen wieder ein, holt eine weitere Geldbörse aus den Tiefen ihrer Tasche … Na, schon rote Schleier vor den Augen?

Im Auto sitzt dann jemand, der lautstark lamentiert, ob für das neu erworbene T-Shirt erst noch die Baumwolle gepflückt werden musste.

Niemanden interessiert, ob Sie sich beeilt haben oder nicht, nein, Ihnen wird selbstverständlich unterstellt, dass Sie es nicht getan haben.

Deshalb ist Ihnen nur zu empfehlen, sich beim nächsten Mal für die zweite Möglichkeit zu entscheiden, denn die Reaktion des Wartenden im Auto wird exakt die gleiche sein: Lassen Sie sich alle Zeit der Welt.

Hier als Vorschlag eine dritte Möglichkeit, die alle Beteiligten glücklich stimmen könnte. Vor kurzem war ich mit Freunden in England. Wir besuchten auch ein kleines Städtchen, das sich durch eine beeindruckende Fußgängerzone mit attraktiven Geschäften auszeichnete. Wir waren zu dritt und beschlossen, uns für eine Stunde zu trennen, damit jeder für sich ein wenig bummeln könnte.

Ich wusste nicht, wohin zuerst, und für einen Moment sah ich sicherlich aus wie Mr. Bean, wenn er aufgescheucht und völlig konfus zwei Schritte in die eine Richtung läuft, dann einen Schritt in die andere, dann wieder drei Schritte … Sie wissen, was ich meine. Wegen des Überangebots war ich außerstande, eine Entscheidung zu treffen, und ging in den erstbesten Laden. In diesem Fall handelte es sich um ein Kaufhaus, das primär Kleidung und Accessoires führte. Ich trödelte zwischen den Kleiderständern herum, bummelte neugierig durch den ersten Stock.

Als ich mit der Rolltreppe wieder ins Erdgeschoss fuhr, blickte ich auf die Abteilung für Damenoberbekleidung. Und da sah ich etwas Wunderbares: Es standen dort am Rand der Abteilung fünf oder sechs sehr bequeme Stühle, die sämtlich von Männern belegt waren, die aber dort keineswegs ihren voyeuristischen Neigungen nachgingen, wie man meinen könnte. Nein, es waren die Begleiter der Damen, die dort gerade Blusen und Röcke anprobierten. Einer hatte ein Buch dabei, ein anderer blätterte durch die Tageszeitung, zwei schwatzten entspannt miteinander.

Das könnte die Lösung sein, finden Sie nicht auch? Ich erinnere mich, dass meine Mutter mich früher in Recklinghausen immer im »Kinderparadies« bei Karstadt abgegeben hat. Dort gab es Betreuerinnen, und die Kinder konnten spielen, während Mami in Ruhe ihre Einkäufe tätigte.

Stellen Sie sich vor, in jedem Baumarkt, in jedem Supermarkt, überall gäbe es diese netten, kleinen Ecken, in denen man warten könnte, während er entrückten Blickes im Traumauto Probe sitzt oder sie sich den fünfzehnten Duft aufsprühen lässt.

Es ist Zeit für eine Unterschriftensammlung!

# Der Schreibtisch – ein Abbild der Seele?

**M**an mag es kaum glauben, aber tatsächlich spaltet sich die Menschheit in zwei Hälften, was die Vorstellungen vom idealen Arbeitsplatz angehen. Gnade Ihnen Gott, wenn Sie mit Ihrem Partner einen Schreibtisch teilen müssen – und er zur anderen Seite gehört.

Es gibt Arbeitgeber, die Ihren Angestellten verbieten, auf ihren Schreibtisch auch nur einen persönlichen Gegenstand aufzubewahren, nicht einmal ein Foto der Kinder oder eine mickrige Yuccapalme ist erlaubt. Andere sind der Meinung, dass ihre Mitarbeiter den größten Teil des Tages im Büro verbringen und sich dort auch wohl fühlen sollen, weshalb sie ihnen freie Hand lassen, solange die Arbeit nicht darunter leidet.
Die Wissenschaftler streiten sich: Macht Chaos kreativ und feuert die Sinne an, oder behindert es das strukturierte Arbeiten?
Auch in einer Partnerschaft kann diese Frage zu erbitterten Auseinandersetzungen führen.
Übrigens – wie sieht eigentlich Ihr Schreibtisch aus?

## DAS KREATIVE CHAOS
### oder
### Wer ordentlich ist, ist nur zu faul zum Suchen

Seit Stunden suchen Sie schon nach dieser einen Rechnung. Sie wühlen sich durch Berge von Papier und leeren Briefumschlägen, schieben schwankende Zeitschriftentürme vorsichtig zur Seite, öffnen Schnellhefter voller loser Blätter und Schubladen, aus denen Krimskrams quillt, der sich dort schon seit Jahren ansammelt.

Natürlich haben Sie Ihren Partner angerufen und gefragt, in welchem schwarzen Loch er um Himmels willen diese verdammte Rechnung hat verschwinden lassen.

»Die muss auf dem Schreibtisch liegen«, schnarrt es kategorisch aus dem Hörer, »die habe ich gestern noch gesehen. Ganz sicher.«

Geduldig erklären Sie, dass Sie jetzt gefühlte drei Wochen damit verbracht haben, sich durch die papierene Wanderdüne auf dem Schreibtisch zu wühlen – ohne Erfolg.

Aus dem Hörer kommen diverse Vorschläge, wo die Rechnung sein könnte – all diese Möglichkeiten haben Sie bereits selbst erwogen und überprüft.

Abends wird Ihr Partner sofort dazu verdonnert, die verlorene Rechnung herbeizuschaffen, aber pronto. Seufzend begibt er sich an den Schreibtisch, um danach zu suchen. Widerwillig macht er sich ans Werk, um dann stundenlang in Zeitungsartikeln zu versinken, die er vor Urzeiten aus Magazinen gerissen und auf dem Schreibtisch abgelegt hat, in längst abgelaufenen Katalogen zu blättern und über Telefonnummern zu grübeln, die er – natürlich ohne Namen – auf Zetteln notiert hat.

»He, wusstest du, dass wir einen elektrischen Anspitzer haben?«, erklingt es entzückt vom Schreibtisch her. Ja, das wussten Sie, denn Sie haben ihn gekauft, weil Sie gern mit Bleistift schreiben. Brääääääääääh … schallt es während der nächsten halben Stunde durch die Wohnung, denn sämtliche Bleistifte werden gespitzt.

»Die Rechnung, Liebling!«, erinnern Sie ihn mit zuckersüßer Stimme, bereits um Fassung ringend.

»Ja, ich suche schon danach!«

Klar, hört man.

Schubladen gehen auf und zu, Ablagekörbe werden auf den Fußboden geleert und deren Inhalt desinteressiert von links nach rechts geschichtet, ein Stapel Zeitschriften kippt vom Schreibtisch und flutet bis ins Wohnzimmer hinein.

Ihnen fällt auf, dass diese Situation keineswegs dazu genutzt wird, das Altpapier auszusortieren, nein, selbst die leeren Briefumschläge werden sorgfältig wieder in die neu entstehenden Stapel einsortiert.

Sie sind kurz davor, die Beherrschung zu verlieren.

Sie sind es leid, zwanzig Kugelschreiber und Filzstifte ausprobieren zu müssen, bevor Sie einen finden, der nicht leer oder vertrocknet ist.

Sie sind es leid, unter lästigen Werbebriefen zu ersticken.

Sie sind es leid, dass Sie immer wieder den Schreibtisch

aufräumen, die Ablagekörbe mit »bezahlt« und »unbezahlt« beschriften, Ordner anlegen und die verkrusteten Reste aus benutzten Kaffeetassen kratzen, nur damit nach einer Woche das gleiche Chaos herrscht wie zuvor.

SIE SIND ES LEID.

Und was nutzt es Ihnen? Nichts.

»Wer ordentlich ist, ist nur zu faul zum Suchen«, sagt er grinsend, und Sie verlassen schnell den Raum, denn Sie wollen nicht als mehrere Zentimeter hohe Schlagzeile in einem bekannten deutschen Boulevardblatt landen: »Frau ersticht ihren Mann mit Brieföffner«.

Doch keine Sorge, das wird niemals passieren, denn Sie werden den Öffner nicht finden.

## ORDNUNG MUSS SEIN
### oder
### Wie verrückt ist es, ein Lineal mit dem Lineal auszurichten?

Ein aufgeräumter Schreibtisch kann eine Freude sein. Es ist schön, wenn Sie nicht mehr Zeit benötigen, einen Brief in einen Umschlag zu stecken und zu frankieren (oder eine Rechnung zu suchen), als ein Abenteurer für die Durchquerung der Sahara braucht.

Aber das, was Ihr Partner auf dem gemeinsamen Schreibtisch zelebriert, lässt Sie vermuten, dass bei ihm eine ausgewachsene Zwangsneurose vorliegt.

Briefumschläge sind nach Farbe und Größe sortiert und stehen aufrecht wie Zinnsoldaten in Zeitschriftensammlern, Bleistifte teilen keinesfalls den Becher mit Filzstiften und Kugelschreibern, das Telefon steht auf einem Telefonregister, das per Knopfdruck eng und exakt beschriebene Registerkarten herausspringen lässt. Nichts Unnützes hängt an der Pinnwand, keine Kaffeetasse darf ohne Untersetzer die Schreibtischplatte berühren, der Tischkalender ist natürlich stets am richtigen Datum aufgeschlagen.

Sie suchen eine bestimmte Rechnung?

Kein Problem, Anruf genügt.

»Zweites Regalbrett, grüner Ordner mit der Aufschrift ›Rechnungen (unbezahlt)‹, sechstes Blatt von oben«, kommt es wie aus der Pistole geschossen aus dem Hörer.

Aus reinem Übermut stellen Sie eine weitere Aufgabe: »Weißt du auch, wo ich meinen Schwimmpass finden könnte?«

»Der ist im dritten Zeitschriftenständer links auf der Fensterbank.«

Nun möchten Sie es aber wissen: »Und das Rabattmarkenheft vom Supermarkt?«

Sie hören, wie er gutmütig seufzt. »Vierter Ablagekorb von oben, der rote Schnellhefter.«

Sie geben das Spielchen auf.

Aus Neugier nehmen Sie besagten Schnellhefter zur Hand und schlagen ihn auf. Sofort wünschen Sie, Sie hätten sich das verkniffen. Sie finden nicht nur Ihr Rabattmarkenheft, kuschelig geborgen und vor allen äußeren Angriffen wie Schmutz, Staub und Kaffeeflecken durch eine Klarsichthülle geschützt. Sie finden weitere Klarsichthüllen, die Kassenbons enthalten, auf denen die ausgewiesenen Payback-Punkte diverser Supermärkte und Tankstellen mit Textmarker angestrichen sind. Und nicht nur das: Sämtliche Punkte sind in eine Liste eingetragen, die wiederum in einer eigenen Hülle steckt.

Ein Schauer läuft Ihnen über den Rücken.

Ständig haben Sie Streit wegen der Schreibtischordnung, denn Sie wollen nicht einsehen, dass Sie jeden Fetzen Papier sofort in den passenden Ordner abheften sollen, obwohl es viel praktischer ist, zu gegebener Zeit alles auf einmal einzusortieren – und Ihr Partner versteht nicht, warum Sie nicht bereit sind, diese dreißig Sekunden zu investieren, um spätere Sucherei zu vermeiden.

Es wäre ja halb so schlimm, wenn nicht jedes von Ihnen in die falsche Ablage gelegte Schriftstück zu genervtem Stöhnen und demonstrativem Augenrollen führen würde und nicht jeder winzige Kaffeefleck auf der abwischbaren Schreibtischunterlage tagelange Dramen auslösen könnte.

Seien Sie wachsam, denn wenn Sie sich dabei ertappen, dass Sie das Telefonregister mutwillig durcheinanderbringen oder Ihre Stulle mal eben mit voller Absicht mit der Marmeladenseite nach unten auf den Schreibtisch fallen lassen.

Tun Sie das nicht.

Es sei denn, Sie wollen als mehrere Zentimeter hohe Schlagzeile auf der Titelseite eines großen deutschen Boulevardblattes enden.

# Wenn einer eine Reise tut …

Wenn Jemand eine Reise thut, so kann er was erzählen (…)«, schreibt der Dichter Matthias Claudius (1740–1815) in seinem Gedicht »Urians Reise um die Welt«. Damit hatte er zweifellos recht. Nun war allerdings das Reisen zum Vergnügen im 18. Jahrhundert allein reichen Menschen vorbehalten, denn man brauchte dazu nicht nur Zeit und Muße, sondern auch viel Geld. Welche Strecke konnte man in einer Woche per Pferd, Kutsche oder Schiff schon zurücklegen? Vielleicht ein paar hundert Kilometer.

Ansonsten reisten Händler, fahrende Handwerker und vielleicht Kleriker durchs Land – und keiner tat es zu seinem Vergnügen, zumal es durchaus gefährlich sein konnte. An den Straßen lauerten Wegelagerer, das Gefährt konnte auf den holprigen, schlecht befestigten Wegen Schaden nehmen, oder man riskierte Krankheiten durch ungewohntes Klima und fremde Nahrungsmittel.

Heutzutage besteigt man morgens ein Flugzeug und liegt nachmittags bereits in Spanien, Kroatien oder Marokko am Strand, besichtigt die Akropolis, bewundert die Pyramiden von Gizeh oder säuft am Ballermann von Mallorca Billig-Sangria aus Plastikeimern.

Jeder, wie er mag, Geschmäcker sind bekanntlich verschieden.

Genau aus diesem Grund ist der gemeinsame Urlaub

oft eine große Bewährungsprobe für die Beziehung. Nicht nur, weil sie vielleicht ans Meer möchte und er lieber in die Berge, das lässt sich zur Not noch regeln, und sei es, indem man eine Münze wirft, wenn man sich partout nicht einigen kann.

Viel dramatischer kann die Frage werden, WIE Sie Ihren gemeinsamen Urlaub verbringen – daran sind schon langjährige Freundschaften innerhalb weniger Tage zugrunde gegangen.

Leider gilt dies genauso für Beziehungen.

## WENN DER URLAUB ANSTRENGENDER IST
## ALS DIE ARBEIT
### oder
### »Aufstehen! Anziehen! Kirche gucken!«

Es ist der erste Urlaub Ihrer neuen Beziehung, und Sie freuen sich schon seit Monaten darauf. Romantisch soll es werden, wunderschön und unvergesslich. Sie träumen von Müßiggang und davon, morgens lange zu schlafen und dann gemeinsam zu überlegen, wonach Ihnen der Sinn steht.

Endlich ist es so weit. Nach einer anstrengenden Reise sind Sie spät an Ihrem Ziel angekommen, haben den Begrüßungscocktail genossen, zu Abend gegessen und sind dann todmüde ins Bett gefallen.

Sie trauen Ihren Ohren kaum, als der Wecker am nächsten Morgen um sieben Uhr schrillt. Morgens um sieben soll die Welt noch in Ordnung sein – nicht aber in Ihrem Hotelzimmer. Sie blinzeln verwirrt um sich und entdecken Ihren Partner, der bereits komplett angezogen und in schriftliche Unterlagen vertieft ist, die Sie ganz sicher nicht eingepackt haben. Zuerst denken Sie, es handelt sich um Arbeit, die Ihr Reise- und Lebensgefährte heimlich in den Koffer geschmuggelt hat. Schön wär's!

Sie springen aus dem Bett, um Ihrem Ärger darüber Luft zu machen. Aber Sie haben die Situation gänzlich missverstanden, denn Ihr Partner ist gerade dabei, den Tagesplan für Ihren Urlaub zu erstellen.

»Ah, auch endlich wach?«, hören Sie. »Wäre schön, wenn du dich ein wenig beeilen würdest, denn wir gehen heute zuerst …«

Es folgt eine ellenlange Aufzählung der diversen Kirchen, Museen, Gärten, historischen Altstädte etc., die zu besichtigen für diesen Urlaub bereits fest eingeplant sind. Allmählich wird Ihnen klar, wieso Ihr Partner vor der Reise so endlos viel Zeit im Internet verbracht hat. Er hat die Öffnungszeiten, Eintrittspreise und Anfahrtswege sämtlicher Sehenswürdigkeiten im Umkreis von fünfzig Kilometern recherchiert, hat bereits festgelegt, wo, wann und wie lange Sie zwischendurch Pause machen und was Sie dann essen werden, denn den Gastronomieführer Ihres Urlaubslandes hat er natürlich auch genau studiert.

»Heute essen wir Pizza, morgen gibt es Langusten in dieser kleinen, pittoresken Strandbar, ein echter Geheimtipp. Dafür habe ich eine Stunde eingeplant, dann besichtigen wir …«

Der Rest des Monologes geht in einem tosenden Rauschen in Ihren Ohren unter.

»Ja, aber, ich dachte, wir wollen uns entspannen«, wenden Sie schüchtern ein.

Gelächter ist die Antwort. »Ich gebe doch nicht Hunderte Euro aus, um dann nur faul am Strand herumzuliegen. Das kann ich auch zu Hause haben.« Es wird anklagend auf die Uhr gezeigt. »Los, hopp, hopp, wir haben schon jede Menge Zeit vergeudet.«

Und während Sie noch darüber nachdenken, dass Sie eigentlich immer gedacht hatten, ein schöner Urlaub könne durchaus daraus bestehen, nach Herzenslust Zeit zu vergeuden, taumeln Sie schon ins Bad, um zu tun, wie Ihnen geheißen.

Die folgenden Tage sind reine Action, der gefürchtete »Iron Man« auf Hawaii ist dagegen ein Kindergartenausflug. Sie hetzen von altem Gemäuer zu altem Gemäuer, so dass Sie für den abendlichen Absacker bei Sonnenuntergang auf der Hotelterrasse schon viel zu müde sind.

Planen Sie bei dieser Form des Reisens unbedingt im Anschluss eine freie Woche zu Hause ein – damit Sie sich endlich erholen können.


## SCHLUNZ-URLAUB
### oder
### »Entspann dich mal – wir sind im Urlaub!«

Wo ein Extrem ist, ist das andere nicht weit – das liegt in der Natur der Sache. So kann es bei der gleichen Ausgangssituation, dem ersten Morgen des ersehnten gemeinsamen Urlaubs, auch ganz anders weitergehen.

Sie haben lange geschlafen, aber Sie haben klugerwei-
se ein Hotel gebucht, in dem Frühstück bis elf Uhr serviert wird. Ihr Partner schläft noch tief und fest, und
Sie lächeln nichtsahnend, schließlich Sie sind im Urlaub.

Als Ihnen schließlich der Magen knurrt und Sie Ihren
Partner wecken wollen, stoßen Sie auf erbitterten Widerstand, obwohl Sie sich im Bad schon endlos Zeit
gelassen haben. Es wird gezetert und geflucht, aber
schließlich kann es doch losgehen. Nur seine Kleidung
könnte eine Spur … nun ja … vollständiger sein, aber
andere Urlauber schlappen auch in Adiletten und kurzen Hosen zum Frühstücksbüfett, und Sie wollen den
Urlaub nicht mit einem Streit beginnen.

Beim Frühstück machen Sie Vorschläge für die weitere Tagesgestaltung.

Strand? Kopfschütteln und ein Vortrag über Haut-
krebs durch zu viel Sonne.

Motorroller leihen und die Gegend erkunden? Kopfschütteln und ein Hinweis auf die wilde Fahrweise der
Einheimischen.

Ein wenig wandern, vielleicht? Ungläubiger Blick und
empörtes Kopfschütteln.

»Ja, was möchtest du denn machen?«, rufen Sie verzweifelt.

Raten Sie mal.

Gar nichts möchte er machen, denn Sie sind schließlich
im Urlaub. Den ganzen Tag unter einem Sonnenschirm
am Pool liegen und Cocktails trinken, das wäre prima,
erfahren Sie fassungslos. Besser noch: im abgedunkel-
ten Hotelzimmer in Zeitschriften blättern oder vor dem

Fernseher liegen und endlich mal alles gucken, was man sonst wegen der langen Arbeitszeit nicht anschauen kann.

Und um Himmels willen bloß keinen Stress haben, schließlich sei man im Urlaub!

»Aber das hättest du doch auch zu Hause haben können! Warum legen wir uns nicht einfach einen Schrebergarten zu?«, begehren Sie zu wissen.

Milde lächelnd wird über Ihre Unwissenheit der Kopf geschüttelt.

Nicht was man im Urlaub mache, sei wichtig, sondern wo man hinfahre. Die Bräune, mit der man seinen Kollegen nach dem Urlaub beweise, dass man in einem mehr oder weniger fernen Land gewesen sei, sei der springende Punkt. Bräune aus dem Schrebergarten, das sei etwas für Hartz-IV-Empfänger, aber keinesfalls für die mittlere Management-Ebene, also wirklich.

Wie sich mittleres Management mit ausgelatschten Gummischlappen und ausgeleierten, wild geblümten Bermudashorts vereinbaren lässt, stellen Sie jetzt lieber nicht zur Diskussion. Lassen Sie Ihren Partner mit seinem Cocktail unter dem Sonnenschirm am Pool liegen und suchen Sie sich Gleichgesinnte, mit denen Sie etwas Schönes unternehmen können. Sie werden sie mühelos finden, sogar in Ihrem Hotel, jede Wette.

Es sind die Partner der Menschen, die am Pool liegen und ihren Sonnenbrand kultivieren.

# Das Outfit
## oder
## Wie lange darf die Wahl
## der Kleidung dauern?

Schon immer hatte Kleidung eine immense Bedeutung. Leider kann niemand sagen, ob sich bereits Steinzeitmenschen bewundernd um einen der ihren scharten und grunzend ihre Anerkennung über die Art, wie das Stinktierfell um die Lenden geschlungen war, zum Ausdruck brachten.

Kleidung war und ist in Stil, Beschaffenheit und Farbe ein Symbol für den Status des Trägers. Macht jemand Erfolgreiches etwas vor, tun es die anderen ihm nach, egal wie absurd es auch aussehen mag.

Haar wurde einst so hoch aufgetürmt, dass man in seiner Kutsche nur noch knien konnte, Röcke durch Krinolinen derart gebauscht, dass die Damen sich wie Krebse seitwärts durch Türöffnungen fädeln mussten. Männer trugen wallende Locken oder kurze, gebauschte Höschen zu Strumpfhosen, mal hohe Absätze, mal flache Schuhe mit hochgebogener Spitze.

Selbst Goethe machte Mode – wenn auch unabsichtlich und mit fatalen Folgen. Als im Jahr 1774 »Die Leiden des jungen Werthers« erschien, gab es eine Reihe junger Männer, die der Hauptfigur nacheiferten und sich kleideten wie Werther: in einen blauen Tuchrock, gelbe Kniehosen aus Leder, Stulpenstiefel, eine gelbe Weste und einen grauen Filzhut. Leider nicht nur das: Sie brachten sich in diesem Outfit dann auch gleich um. Sie waren tot, aber immerhin sehr, sehr schick.

Wenn die Wahl der Kleidung ein Streitthema in Ihrer Partnerschaft ist, haben Sie ein echtes Problem, denn im Gegensatz zu anderen Macken Ihres Partners, die vielleicht nur im Verborgenen stattfinden, ist ein problematisches Outfit unter Umständen gleichbedeutend mit öffentlicher Demütigung.

Alle sehen es, alle können es kommentieren. Sie ernten vielleicht sogar Getuschel und Gekicher, wenn Sie mit einem Paradiesvogel an Ihrer Seite durch die Gegend laufen.

Das hält nicht jeder aus.

## DIE KLEIDUNG ALS STATEMENT
### oder
### »Wie sehe ich aus?«

Während Kleidung in erster Linie einem bestimmten Zweck dienen sollte, nämlich nicht zu frieren oder bei Regen nicht nass bis auf die Haut zu werden, machen wir mit der Wahl unseres Outfits außerdem eine von zwei möglichen Aussagen: Entweder »Ist mir egal, wie ich aussehe« oder – und davon soll hier die Rede sein – »Seht her, bin ich nicht schick?!«.

Seit die Mode- und Kosmetikbranche den Geistesblitz des Jahrhunderts hatte und den Begriff »metrosexuell« erfand, darf sich auch der Mann endlich wieder hübsch machen und die Augenbrauen zupfen, ohne automatisch als homosexuell zu gelten. Brauchte der Mann früher im Bad nur Platz für seine Zahnbürste und seinen Rasierschaum, wird nun um jeden Zentimeter Platz auf der Ablage vor dem Spiegel verbissen gerungen. Gleiches gilt für den Kleiderschrank. Vorbei die Zeit, da ein Mann mit drei Anzügen, zehn Oberhemden und einer Schublade voller schwarzer Socken auskam und modischer Experimentierlust lediglich durch die Wahl seiner Krawatte frönen konnte.

Heutzutage darf er fliederfarbene Kaschmirpullover tragen, gern mit farblich passenden Socken, oder schillernde Anzüge, für die Liberace oder der späte Elvis jederzeit und ohne nachzudenken gemordet hätten.

Heutzutage darf man von der Kleidung der Menschen wirklich nicht mehr auf die sexuelle Orientierung der Träger schließen. Mittlerweile kann man braungebrannte, muskulöse junge Männer in genscherpullundergelben, hautengen Oberteilen mit kurzen Ärmeln und einem kleinen Kapüzchen (Kapuze trifft es nicht wirklich) beobachten, die Mädchen in eindeutig nicht nur freundschaftlicher Weise küssen.

Frauen sagt man ja sowieso nach, Stunden mit der Wahl der Kleidung oder vor dem Schminkspiegel zu verbringen. Was aber bedeutet es für Ihre Partnerschaft, wenn Sie einen dieser Metro-Männer erwischt haben?

Zuerst werden Sie gedacht haben, wie wunderbar es ist, einen Partner zu haben, der ebenso viel Wert auf Körperpflege und sein Äußeres legt. Immer hat er gut geduftet, immer war sein Outfit perfekt, und Ihre Freundinnen sind vor Neid schier geplatzt.

Und jetzt? Sein Kleiderschrank ist sein Heiligtum, und Sie können froh sein, wenn er sich auf eine Fifty-fifty-Teilung des vorhandenen Stauraums einlässt. Pullover und T-Shirts sind nach Farben sortiert, die achtzehn Paar Schuhe stets poliert, und er besitzt mehr Schals und Tücher als Sie.

Aus der Wahl seines täglichen Outfits macht er eine Wissenschaft, und Sie trauen Ihren Ohren kaum, als Sie zum ersten Mal diesen Satz hören: »Ich muss unbedingt einkaufen gehen. Meine Kollegen haben mich schon hundertmal in allen Outfits gesehen.«

Äh … wie bitte? Ist das nicht eigentlich mein Text?, mögen Sie sich völlig zu Recht fragen. Sind Sie womöglich in einer verdrehten Welt gelandet, einer Welt, in der Sie längst bereit zum Ausgehen sind und Ihr Partner seit Stunden vor dem Spiegel steht und sich einfach nicht entscheiden kann, was er anziehen soll? Um dann schließlich aufzutauchen und festzustellen, dass das Rot Ihres Kleides keinesfalls zu seinem orange-lilakarierten Hemd passt, und empört zu blöken: »Also, einer von uns beiden muss sich umziehen, und ich bin es ganz sicher nicht.«

Natürlich nicht.

Sie ziehen sich rasch um, denn wäre er gezwungen, sich neu zu stylen, können Sie die Verabredung mit Ihren Freunden gleich vergessen.

Hoffentlich ist Ihre Liebe stark genug, das auszuhalten. Sie schaffen es vielleicht sogar gemeinsam mit Ihrem Partner, wie beste Freundinnen Beauty-Tage und

Einkaufsbummel durch alle Boutiquen der Stadt zu machen. Solange Sie noch in verschiedenen Abteilungen einkaufen, ist doch alles in bester Ordnung.

## WENN DER PARTNER EIN GAMU IST
### oder
### Der Größte Anzunehmende Modische Unfall

Sie sind bei Freunden zum Grillen eingeladen, und als Sie frisch zurechtgemacht in einem hübschen, duftigen Sommerkleid mit passenden Sandalen im Wohnzimmer auftauchen, sitzt dort schon ihr Partner und wartet ungeduldig auf Sie.

Er trägt ein grellrotes T-Shirt. Erst mal nicht schlimm, wäre es nicht bedruckt. Lustig bedruckt. Auf seiner Brust steht »Bier«, über dem Wort ein gelber Pfeil, der nach oben zeigt. Darüber lesen Sie: »Hier rein!«, ein weiterer Pfeil zeigt nach unten – Sie ahnen es bereits – »Hier raus!«.

Dazu trägt er eine ausgebeulte Hose und Socken, auf denen Homer Simpson abgebildet ist.

Sie ignorieren Ihr aufsteigendes Unwohlsein, versuchen die Flucht nach vorn und sagen leichthin: »Du musst dich noch umziehen, wir sind schon spät dran.«

»Wieso umziehen? Ich bin umgezogen«, kommt die Antwort.

Daraufhin fällt ein Satz aus Ihrem Mund, den Sie als Jugendliche oft von Ihren Eltern gehört haben: »So gehe ich nicht mit dir auf die Straße.«

Die nächste Stunde verbringen Sie damit, erbittert zu

streiten. Sie führen eine dieser unsäglichen »Was-ich-dir-immer-schon-mal-sagen-wollte«-Diskussionen. Darin geht es um lustige, bedruckte T-Shirts (er besitzt mehrere), praktische Bauchtaschen und seine Weigerung, sich wie ein zivilisierter Mensch zu kleiden.

Nun stellt er zu Recht die Frage, wer denn bitte schön entscheidet, wann Kleidung als zivilisiert zu bezeichnen ist und wann nicht, und ob Sie möchten, dass er rumläuft wie ein Dandy? Ein schwuler Dandy, womöglich.

Gute Frage.

Sie geraten ins Nachdenken. Natürlich bedeckt das unsägliche T-Shirt seine Blößen und ist insofern durchaus als zivilisierte Kleidung zu bezeichnen. Warum sollte er mit »Hier rein! / Hier raus!« nicht auch in die Oper gehen, wenn er sich damit wohl fühlt?

Fakt ist allerdings, dass Sie es sind, die den Spott der anderen fürchtet – nicht er. Und eines müssen Sie sich dringend klarmachen: Er liebt seine T-Shirts.

»Zuchtbulle« brüllt es von seiner Brust, »Sex-Instructor«, »Nach dem Bier ist vor dem Bier« oder gar »Kamasutra-Champion«. Und er liebt seine Socken. Auf seinen Knöcheln grinsen die Schlümpfe, steht Bart Simpson nackt auf einem Surfbrett oder winkt Minnie Mouse.

Er wird sich niemals ändern. Warum sollte er auch? Würden Sie auf Ihre geliebten Was-auch-immer verzichten, nur weil Ihr Partner es will? Nein, Sie würden laut und empört schreien und an seiner Liebe zweifeln, weil er Sie nicht so akzeptiert, wie Sie eben sind. Das ist der springende Punkt. Er ist eben so.

Ihn ändern zu wollen führt zu Streit und Frustration, und zwar auf beiden Seiten.

Er wird Sie wiederum fragen, ob Sie es ernsthaft verantworten wollen, einen Menschen derart zu verbiegen, nur damit Sie selbst sich besser fühlen.

Sprechen Sie es laut aus: »Ich kann ihn nicht ändern.« Am besten also, Sie versöhnen sich mit seinem Kleidungsstil und stehen selbstbewusst und hoch erhobenen Hauptes zu Ihrem Partner, egal, was Ihre Freunde sagen.

# Im Badezimmer

Das private Badezimmer, wie wir es kennen, gibt es im europäischen Raum erst seit Mitte des 20. Jahrhunderts. Wir schätzen die Möglichkeit, eine Tür hinter uns schließen und uns ungestört der Körperpflege widmen zu können.

Jahrhundertelang waren dafür öffentliche Badehäuser vorgesehen – wenn man nicht wohlhabend genug war und keine Domestiken hatte, die den Zuber zu Hause regelmäßig mit heißem Wasser nachfüllten. Badehäuser hatten eine wichtige soziale Funktion: Man traf sich, machte Geschäfte, ließ sich schröpfen – im medizinischen Sinne – oder einen Zahn ziehen.

Noch bis ins 20. Jahrhundert befand sich die Toilette außerhalb der Wohnung, und die einzige Möglichkeit zu baden war die Wanne, die sich meist in der Küche hinter einem Vorhang versteckte.

Erst seit den fünfziger Jahren wurden bei Neubauten Bäder eingeplant, damals noch Nasszelle genannt. Und Zellencharakter haben diese Räume weiß Gott: Meist sind sie so klein, dass man sich bequem die Zähne putzen kann, während man auf der Toilette sitzt.

Heutzutage reicht dagegen das ordinäre Badezimmer nicht mehr aus. »Wohlfühl-Oasen« müssen es sein, in denen man sich auf eine Chaiselonge unter die Zwei-Meter-Palme neben dem Toilettentopf betten kann, um vielleicht ein gutes Buch zu lesen. Duschköpfe heißen plötzlich »Samoa Rain«, haben die Größe einer Familienpizza und lassen den Benutzer angeblich glauben, im Sommer durch tropischen Regenwald zu laufen.

Und was ist, wenn das Ding verkalkt ist?

Laufen wir dann durch die Sahara?

## VON BÄDERN UND MENSCHEN
### oder
### Ist hier eine Bombe explodiert?

»Das Bad ist frei, Schatz!«

Endlich. Sie warten schon eine ganze Weile und freuen sich auf Ihr wohlverdientes Entspannungsbad. Doch beim Betreten Ihrer persönlichen Wellness-Oase prallen Sie entsetzt zurück.

Gab es einen Wasserrohrbruch? Waren Einbrecher im Haus und haben das Bad verwüstet? Tritt irgendwo heißer Dampf aus, oder warum könne Sie durch die dicken Nebelschwaden nichts sehen? Beinahe erstaunt es Sie, keine regenwaldtypischen Tiergeräusche zu hören. Und warum liegen vier große Handtücher klatschnass auf dem Fußboden und haben es noch nicht einmal vermocht, die Nässe halbwegs aufzusaugen?

Sie überlegen kurz, ob Sie das Schlauchboot aus dem Keller holen, damit Sie trockenen Fußes zur Wanne übersetzen und rasch überprüfen können, ob das gute Stück vielleicht undicht ist.

Nein, es ist viel einfacher: Ihr Partner hat gebadet.

Aber was um Himmels willen hat er getrieben?

Hat er die Dusche in den Raum gerichtet, nur so, weil er es lustig findet?

Vielleicht ist ihm aber auch nicht bekannt, dass man die Wanne nicht bis zum Rand volllaufen lassen darf, bevor man sich hineinsetzt. Hätte er in der Schule in Physik mal etwas besser aufgepasst, als das archimedische Prinzip durchgenommen wurde. Ein Körper verdrängt die Menge Wasser, die seiner Masse entspricht. Ist doch ganz einfach, gilt für Schiffe genauso wie für Menschen.

Sie waten durch den Raum, wobei die Handtücher unter Ihren Füßen Geräusche machen, als wären Sie in einem Sumpfgebiet unterwegs.

Überhaupt – die Handtücher. Jedes seiner Körperteile scheint ein eigenes zu brauchen, anders ist die Menge benutzten Frottees nicht zu erklären. Wenn er sie wenigstens noch dazu benutzt hätte, den blickdicht beschlagenen Spiegel und die vor Nässe triefende Fensterscheibe zu putzen!

Tatsache ist, dass Sie einen Partner erwischt haben, der den Begriff Nasszelle nur allzu wörtlich nimmt und auch noch zu glauben scheint, dass die Heinzelmännchen das hinterlassene Chaos wieder beseitigen werden. Nun sind Sie weder in Köln, noch behagt Ihnen die Vorstellung, dass nachts kleine, nackte Männlein durch Ihre Wohnung geistern.

Bei der anschließenden Diskussion mit dem Partner stellt er Ihnen doch tatsächlich die Frage, warum denn bitte schön das Bad gekachelt ist, wenn man nicht einmal ein bisschen mit Wasser spritzen dürfe.

»Ein bisschen spritzen?«, rufen Sie aus. »Wir könnten im Bad Goldfische aussetzen oder Tretboot fahren!«
Dabei wissen Sie schon, dass Sie sich Ihre Worte sparen können, denn Sie hatten dieses Gespräch schon mehrmals. Eigentlich jedes Mal, wenn er das Bad benutzt hat. Sie sollten allmählich begreifen, dass er diese Sache gänzlich anders wahrnimmt als Sie selbst: Es wird gebadet, irgendwer stopft die Handtücher in die Waschmaschine, irgendwer wischt den Boden auf und irgendwer putzt Spiegel und Fenster.
Nur wer »irgendwer« ist, darüber sollten Sie sich auf Dauer einig werden.


## »DA IST NOCH EIN TROPFEN«
### oder
### Wischwahn im Badezimmer


Sie sind kein unordentlicher Mensch.
Täglicher Hausputz steht auf Ihrer persönlichen Prioritätenliste zwar nicht gerade an erster Stelle, aber Sie können jederzeit unangemeldeten Besuch ins Haus lassen, ohne befürchten zu müssen, dass jemand schmutziger wieder hinausgeht, als er hineingekommen ist.
Umso härter belastet es Ihre Beziehung, wenn Ihr Partner von sämtlichen Putzteufeln besessen ist – und dies das gemeinsame Badezimmer regelmäßig zum Schlachtfeld werden lässt.
Der Sonntagvormittag ist traditionell Ihrer Schönheitspflege gewidmet, und dazu gehören Kerzenlicht,

ein duftendes Lavendelöl-Bad und schöne Musik. Natürlich wischen Sie hinterher die Wanne aus und hängen Ihr Handtuch zum Trocknen auf, versteht sich von selbst.

Manchen reicht das aber nicht, wie Sie aus leidvoller Erfahrung wissen – das Putzkommando steht schon Gewehr bei Fuß.

Die Wanne wird ausgescheuert, als hätte sich dort eine Ölpest ausgebreitet. »Wenn man das nicht ordentlich macht, kann man ausrutschen und sich das Genick brechen«, werden Sie belehrt.

Dann wird der Putzeimer mit heißem Wasser und Reinigungsmittel gefüllt, und es wird geschrubbt, gefeudelt und gewischt, als wäre das seit Ihrem Einzug in die Wohnung nicht mehr passiert.

Dann wird den Armaturen zu Leibe gerückt: Kalkentferner aufsprühen, einwirken lassen, abspülen, polieren, kurz warten, mit einem besonders weichen Tuch ein weiteres Mal nachpolieren.

Es wird bemäkelt, dass der Duschvorhang feucht ist und in Falten hängt, was zu Schimmelbildung, Modergestank und tödlichen Krankheiten führt, dass das Fenster nicht zum Lüften geöffnet wurde, dass der Spiegel nicht blank poliert ist, dass Sie Ihren Badezusatz nicht zurück an »seinen« Platz, sondern auf den Wannenrand gestellt haben.

Sie ertappen sich dabei, wie Sie Ihr Handtuch, das nicht auf die Heizung, sondern in die Wäsche gehört, wie Sie erfahren, zwischen Ihren Händen zu einem festen Strick drehen und Ihre Fingerknöchel schon weiß hervortreten. Doch dann atmen Sie tief durch,

inhalieren dabei die letzten Duftreste Ihres Entspan-
nungsbades und gehen hinaus. Soll der Putzteufel
doch wüten und alles wieder so herrichten, wie er es
für richtig hält. Sie legen sich jetzt erst mal mit einem
schönen Buch aufs Sofa.

# Der Krieg um die Tageszeitung

Für viele Menschen ist es unvorstellbar, den Tag ohne die morgendliche Lektüre der Zeitung zu beginnen.

Schon im antiken Rom gab es täglich erscheinende Bulletins, »acta diurna« (lat. Tagesberichte) genannt, die im Jahr 59 v. Chr. von Gaius Iulius Caesar – damals noch Konsul Roms – eingeführt wurden. Bei den Ausgrabungen in Pompeji fand man im »Haus der Iulia Felix« ein Fresko, das unter anderem eine Wandzeitung zeigt, die am Sockel eines Reiterstandbildes angeschlagen war.

Die erste, regelmäßig sechsmal pro Woche erscheinende Tageszeitung in Deutschland hieß »Einkommende Zeitungen« und wurde 1650 in Leipzig von Timotheus Ritzsch herausgebracht, und schon ab 1663 bietet Georg Greflinger mit dem »Norddeutschen Mercurius« erstmals nach Themen sortierte Rubriken, wie wir sie heute noch kennen.

Nachrichten aus aller Welt, regionale Berichterstattung, ein wenig Klatsch und Tratsch, aktuelle Sportergebnisse und vieles mehr stillen gleichermaßen Neugier und Informationsbedürfnis. Bei uns gibt es unzählige Tageszeitungen, regionale wie auch überregionale, manche hat man in wenigen Minuten durchgeblättert, für andere bräuchte man den halben Vormittag, wollte man wirklich jeden Artikel lesen. Zu den Aufgaben eines gut ausgebildeten Butlers gehört es zum Beispiel, morgens die Tageszeitung zu bügeln. Das wird übrigens nicht deshalb gemacht, weil das hochwohlgeborene Auge der Lord- oder Ladyschaft nicht schon morgens durch Falten und Eselsohren beleidigt werden soll, sondern damit sich die Herrschaft beim Glattstreichen der Zeitung nicht mit Druckerschwärze beschmutzt.

## FRUST AM FRÜHSTÜCKSTISCH
### oder
### Der Profi-Zeitungszerknüller
### an Ihrer Seite

Wenn Sie zu zweit sind, aber nur eine Tageszeitung abonniert haben, und Sie sich dann auch noch für die gleichen Rubriken interessieren, ist es der Harmonie förderlich, wenn Sie morgens zeitversetzt frühstücken, denn dann muss nicht einer darauf warten, dass der andere endlich mit dem begehrten Teil der Lektüre fertig ist.

Nehmen wir also an, Ihr Partner ist bereits aus dem Haus, als Sie sich mit einer schönen Tasse Kaffee an den Tisch setzen und zur Zeitung greifen – wenn das traurige Häuflein Altpapier, das Sie vorfinden, überhaupt noch diese Bezeichnung verdient. Ein Teil der Seiten liegt auf dem Fußboden, achtlos fallen gelassen, weil ohne Interesse für Ihren Partner. Er mag ja die Gesundheitstipps und die aktuellen Sonderangebote

stinklangweilig finden, Sie tun es aber nicht. Sie seufzen und heben die Loseblattsammlung auf, um sie
wieder einzusortieren.

Aus dem Rest der Zeitung, der eingerissen, zerknittert
und völlig durcheinander quer über den Tisch gefled-
dert wurde, können Sie – neben den Tagesnachrich-
ten – mühelos lesen, was Ihr Partner zum Frühstück
hatte. Kaffee hat das grobe Papier hier und da durch-
tränkt und einige Artikel unlesbar gemacht, dagegen
sehen die allgegenwärtigen, ringförmigen Abdrücke
seines Kaffeebechers schon beinahe wie ein hübsches
Muster aus. Zwei Seiten kleben zusammen, und als
Sie sie mühsam auseinanderoperiert haben, erkennen
Sie den Abdruck einer Marmeladenstulle, die offensichtlich mit der bestrichenen Seite nach unten auf
den interessanten Artikel über die aktuelle Kabinetts-
umbildung gefallen ist. Jede Menge Krümel zeugen
von Knäckebrot und halbverbranntem Toast, und
Fettflecken, die eindeutig nach Salami riechen, führen
Sie weiter durch das Frühstück Ihres Partners. Und da:
Eigelb darf natürlich auch nicht fehlen.

Eigentlich sind Sie ja froh, dass er kein Müsli gegessen
hat, denn dann müssten Sie auch noch matschige Ha-
ferflocken, milchgetränkte Bananenscheiben und zer-
quetschte Rosinen vom Papier kratzen – und wer will
das schon.

Ehe Sie es nur annähernd geschafft haben, Ordnung
ins bedruckte Chaos zu bringen, ist Ihre Frühstücks-
zeit auch schon abgelaufen, und Sie müssen los.

Vielleicht haben Sie ja Glück und in U-Bahn, Bus oder
Straßenbahn sitzt Ihnen jemand mit Zeitung gegen-

über, bei dem Sie unauffällig mitlesen können. Nun, vielleicht müssten Sie dann mit der BILD statt der Süddeutschen vorliebnehmen, aber wir sind schließlich nicht bei »Wünsch Dir was«.

Auch auf die Wahl der Artikel haben Sie keinen Einfluss, aber Sie sind bescheiden und begnügen sich mit dem, was Ihnen vor die Nase gehalten wird. Immerhin erfahren Sie, dass Paris Hilton einmal mehr ohne Schlüpfer unterwegs war, welches Mädchen bei der gestrigen Sendung von »Germany's Next Topmodel« rausgeflogen ist und dass irgendein Soapdarsteller, von dem Sie weder je den Namen gehört noch das Gesicht gesehen haben, sich selbst wegen Sexsucht in eine Klinik hat einweisen lassen. Hört sich nach unnützem Wissen an, aber vielleicht können Sie gerade dadurch zum ersten Mal beim Mittagessen in der Kantine mitreden.

Das klingt jetzt vielleicht ganz lustig, aber Tatsache bleibt, dass Sie sich jeden Morgen am Frühstückstisch schwarzärgern – auch wenn es natürlich schön ist, wenigstens einen gebildeten Partner zu haben.

Sie haben es verdient, morgens eine saubere Zeitung zu lesen! Am besten, Sie schließen einfach ein zweites Abo ab – und diese Tageszeitung gehört Ihnen dann ganz allein.

# DER ZEITUNGSDIKTATOR
## oder
### Tyrannen gibt es in der kleinsten Hütte

Sie lieben Ihren Partner, ganz bestimmt, sonst würden Sie nicht mit ihm zusammenleben. Aber er hat diese eine Macke, die Sie schier in den Wahnsinn treibt. Die Rede ist von der Wissenschaft, eine Tageszeitung korrekt zu lesen. So korrekt, dass man sie hinterher an jedem beliebigen Kiosk als unbenutztes Exemplar verkaufen könnte.

Zuerst faltet er die Zeitung einmal gegen den dicken Mittelknick, um diesen zu neutralisieren. Leider können Sie sich keinen Butler leisten, der das für Sie übernimmt, aber die Sorgfalt, mit der sich Ihr Partner dem morgendlichen »Entknicken« widmet, macht dieses Manko mehr als wett.

Mehrmals streicht er dann mit der Hand kräftig über die Kante. Als Nächstes wird die Zeitung wieder auseinandergeklappt und begutachtet. Ist er mit dem Ergebnis unzufrieden, wird die Prozedur so lange wiederholt, bis das Papier glatt genug ist und seinen Ansprüchen genügt.

Ihr Partner blättert die erste Seite um und beginnt zu lesen. Bei jedem weiteren Umblättern werden die Seiten justiert und hin und her geschoben, bis sie exakt Kante auf Kante liegen. Wiederholt muss der Mittelknick energisch glatt gestrichen werden, denn die Kante erweist sich als widerspenstig und hat die Frechheit, sich immer wieder hochzuwölben. Daraufhin wird jedes Mal eine weitere Justierung der Seiten fällig, da diese sich durch das Bügeln mit der Hand wieder um wenige Millimeter verschoben haben – ein Anblick heilloser Unordnung, den Ihr Partner einfach nicht ertragen kann.

Sie allerdings können allmählich den Anblick Ihres Partners nicht mehr ertragen, wie er zwanghaft über das Papier streicht. Ihr Altpapierstapel ist ordentlicher als Ihr Kleiderschrank, die Zeitungen liegen perfekt Kante auf Kante.

Das wahre Drama beginnt jedoch erst, wenn Sie die Zeitung zuerst in die Finger bekommen und nicht adäquat – also genau so wie Ihr Partner – damit verfahren. Er wird Ihnen auf die Finger starren und genervt seufzen, während seine Hände in Ihre Richtung zucken, weil sie die Seiten justieren wollen.

Sie schätzen morgens durchaus eine Zeitung, die nicht aussieht, als wären damit sämtliche Fenster Ihrer Wohnung poliert worden, bevor Sie sie lesen dürfen. Aber alles hat seine Grenzen.

Überlegen Sie bereits, nicht mehr mit Ihrem Partner zusammen zu frühstücken, weil Sie diesen Anblick galoppierender Zwanghaftigkeit zum Tagesbeginn nicht mehr anschauen mögen?

Trauen Sie sich schon gar nicht mehr, die Zeitung zu lesen, aus Sorge, Ihre tapsigen Finger könnten sie verunstalten?

Stehen Sie gar eine Stunde früher auf als nötig und stellen sich an Ihr Bügelbrett, um freiwillig die oben erwähnten Butlerdienste zu leisten, weil Sie sich nach einem geschmeidigen Start in den Tag sehnen?

Auch in diesem Fall empfiehlt es sich, einfach eine

zweite Zeitung zu abonnieren, dann kann jeder mit seinem Exemplar so verfahren, wie er es für richtig hält. Und Ihr Partner kann noch mehr Altpapier zu blitzsauberen, korrekten Stapeln schichten – so haben beide etwas davon.

# Zusammen kochen

Im Zeitalter des Cocoonings ist die Küche wieder zu einem Ort zentraler Bedeutung avanciert.

Es gab Zeiten, da war die Küche der einzige warme Raum in der Wohnung, denn der Kohleofen diente nicht nur als Herd, sondern war gleichzeitig Wärmequelle. Zu den Küchenmöbeln gehörten eine gemütliche Eckbank und ein großer Tisch, um den die Familie sich versammelte. Die »gute Stube« wurde lediglich benutzt, wenn Besuch kam.

Als die Zentralheizung erfunden wurde, schrumpfte die Küche in den meisten Neubauten zu einer schmalen Kammer, in der die emsige Hausfrau sich gerade mal um sich selbst drehen konnte. Man konnte es sich leisten, sämtliche Zimmer der Wohnung zu heizen, und das Wohnzimmer entwickelte sich zum Familientreffpunkt. Mutti schuftete allein und isoliert in der Küchenkammer, und wenn man dort zu zweit oder gar zu dritt arbeiten wollte, trat man sich ständig gegenseitig auf die Füße.

Heutzutage ist es modern, offene Küchen zu bauen, lediglich durch eine Theke vom Wohnbereich getrennt. »Kochinseln« sind der letzte Schrei, Herd und Arbeitsfläche stehen in der Mitte des Raumes und sind von allen Seiten zugänglich. Profanes Kochen wird zum Event erklärt, das man zusammen mit dem Partner oder Freunden zelebriert.

Doch Obacht: Beim gemeinsamen Kochen können Welten aufeinanderprallen.

## DER KOCHBUCHFETISCHIST
### oder
### Kochen mit der Kokswaage

Trends erfordern zwingend eine ganze Palette neuer Accessoires, auch wenn man all die Jahre zuvor prima ohne sie klargekommen ist. Allerlei Firlefanz wird flugs zum »Must have« erklärt, wie zum Beispiel Milchschäumer, völlig überteuerte Chemiebaukästen für die höchst angesagte Molekularküche oder Kochbuchhalter.

Kochbuchhalter gibt es aus Holz, Plexiglas oder Edelstahl, stehend oder mit Wandhalterung, mit Spritzschutz oder ohne. Es gibt sogar Modelle, die gleichzeitig als Bilderrahmen dienen – wie hübsch.

Ein Kochbuchhalterbesitzer ist klassischerweise auch ein Nach-Rezept-Kocher, denn sonst wäre der Besitz dieses Gegenstandes ja absolut sinnfrei. Rezeptfetischisten besitzen gern Dutzende Kochbücher, sind aber oft nicht sonderlich mutig am Herd und hangeln sich Zeile für Zeile durch die Vorgaben. Wichtigstes Utensil ist eine hochmoderne Präzisionswaage, gern aus dem gehobenen Dealerbedarf, wenn aufs Zehntelgramm genau abgewogen werden muss.

Im Gegensatz zu Süßspeisen, deren Gelingen oftmals vom grammgenauen Einhalten der Rezeptur abhängt, schadet es einem Eintopf oder einem Braten keineswegs, wenn das eine oder andere Körnchen Salz oder Zweiglein Rosmarin zu viel oder zu wenig im Topf landet. Davon allerdings will der Kochbuchfetischist nichts wissen. Für ihn zählt allein das geschriebene Wort, schließlich stammt das Rezept von Lafer, Witzigmann oder Schuhbeck.

»Halt!«, schreit er entsetzt, wenn Sie beim gemeinsamen Kochen eine Zutat beigeben wollen, ohne diese vorher exakt abgemessen zu haben. »Steht das so im Rezept?«

Das wissen Sie nicht, aber Sie sind der Meinung, dass die Sauce, die sich gerade auf dem Herd dramatisch reduziert, durchaus einen Schuss Portwein vertragen kann.

Ein wilder Streit entbrennt, denn im Rezept war von Portwein nicht die Rede, und für Ihren Partner ist dadurch das Menü rettungslos zerstört. Er reißt den Topf vom Herd und kippt den Saucenansatz mit Schwung in den Ausguss, um noch einmal ganz von vorn anzufangen.

Für ihn ist Kochen reine Mathematik, und wenn auch nur eine Komponente der in Stein gemeißelten Saucen-Gleichung verändert wird, ist das Ergebnis viel zu ungewiss, als dass er damit leben könnte. Wenn im Rezept für Grüne Frankfurter Sauce angegeben ist, dass vier Sauerampferblätter und fünf Zweige Pimpinelle hineinzugeben sind, dann stellen sechs Sauerampferblätter und vier Zweige Pimpinelle keine akzeptable Option dar. Schon die mehr als diffuse Angabe »zwei bis drei Zweige Borretsch« stürzt ihn in eine Sinnkrise.

Verzweiflung macht sich breit. Was soll er jetzt tun? Zwei Zweige? Drei Zweige? Schließlich entscheidet er sich für zweieinhalb, um ganz sicherzugehen.

Kochbuchfetischisten kochen am liebsten allein, denn nur so behalten sie die absolute Kontrolle über den Inhalt ihrer Töpfe. Helfer dürfen allenfalls Kartoffeln schälen, Möhren schrappen oder Salat putzen – sie wollen auch gar nicht mehr tun, denn der Küchendiktator lässt sie keine Sekunde lang in Ruhe arbeiten, weil er ständig kontrollieren muss, ob auch wirklich nach seinen Anweisungen verfahren wird.

Beträgt die Kantenlänge der Kürbiswürfel für das Chutney-Rezept genau drei Zentimeter? Sind es auch exakt fünfzig Gramm frisch geriebener Parmesan, den Sie gerade ins Risotto rühren? Oh Gott, haben Sie etwa gerade drei Kapern in den Thunfischdip gegeben, obwohl das Rezept nur zwei verlangt?

Sind Sie schon so weit, dass Sie am liebsten heimlich eine Flasche 4711 Echt Kölnisch Wasser in die Suppe schütten würden?

Tun Sie es lieber nicht und lassen Sie vor allen Dingen Ihren persönlichen Kochbuchfetischisten alleine wurschteln. Sie können dann ja später das Geschirr in die Spülmaschine räumen und die Küche sauber machen, wenn Sie unbedingt einen Beitrag leisten wollen.

## FREESTYLE FÜR FORTGESCHRITTENE
### oder
### Ich habe heute mal etwas ausprobiert, Schatz

Nicht jeder muss alles beherrschen können, und souveräne Arbeit am Herd ist das Ergebnis eines oft langjährigen Lernprozesses, den nicht jeder durchlaufen möchte. Wozu gibt es schließlich Fertigprodukte wie Bratkartoffeln aus der Tüte oder Reis, der nach drei Minuten in der Mikrowelle gar ist?

Das ist doch völlig okay.

Ich rede von Amateurköchen, die bereits seit Jahren am Herd stehen und für die Rezepte ein rotes Tuch sind. Für sie bedeutet es die reine Wonne, traditionelle Gerichte einfach mal gegen den Strich zu bürsten.

Virtuos werden Gewürze gehandhabt, und wenn sie mit großer Geste und mal eben aus der Hüfte Salz beigeben, sieht es aus, als wollten sie neuen Rasen säen. Gern wird die Meisterschaft am Herd durch kleine Tanzschritte begleitet wobei Kochlöffel wie Trommelstöcke gewirbelt werden, um besondere Geschicklichkeit zu demonstrieren.

Leider führt allzu große Lässigkeit am Herd auch schnell zu Unfällen, und zu viel Salz oder Pfeffer sind für niemanden ein Gaumenschmaus. Aber keine Sorge, Ihr Partner kennt tausend Tricks, um derlei Missgeschicke wieder auszubügeln. Kann gut sein, dass das Ergebnis der kleinen Trickserei nichts mehr mit dem zu tun hat, was eigentlich auf den Tisch kommen sollte, aber genau das wird Ihren Partner laut jubeln lassen, denn er hat etwas völlig Neues kreiert.

Und das macht er am allerliebsten: Neue Rezepte erfinden, die er natürlich nicht aufschreibt, denn er kocht ja nicht nach Rezept.

Nun darf man nicht unterschätzen, wie sehr das Geschmackserleben eines Menschen durch jahrelange Erfahrung konditioniert ist. So kann das plötzliche Auftauchen von Rosinen in Ihrer geliebten Bolognesesauce oder die Tatsache, dass sich das unter strenger Geheimhaltung selbst angefertigte Zitroneneis als Zitronen-Parmesan-Sorbet entpuppt, Ihre Gesichtszüge blitzartig entgleisen lassen, ohne dass Sie es verhindern können. Man kennt das von Babys: Wenn sie plötzlich einen unerwarteten Geschmack im Mund haben, verzieht sich ihr Gesicht zu einer Grimasse totaler Verblüffung oder absoluten Widerwillens.

Tun Sie das Ihrem geliebten Küchenanarchisten nicht an, es würde ihn zutiefst bekümmern. Trainieren Sie vor dem Spiegel ein freundliches Pokerface, und wenn Sie schon den ungewöhnlichen Geschmack Ihres Tellerinhaltes beim besten Willen nicht loben können, bewundern Sie wenigstens lautstark seinen Mut.

# Von Schwarzsehern und Traumtänzern

Aus der griechischen Mythologie kennen wir Kassandra, die Tochter des Priamos. Apollo, der sich in die schöne Frau verknallt hatte, schenkte ihr die Gabe der Vorhersehung, um sich so ihre Zuneigung zu sichern. Aber die stolze Königstochter war nicht so leicht rumzukriegen und wies ihn trotzdem zurück. Daraufhin fügte der beleidigte Gott seinem Geschenk noch ein kleines, aber entscheidendes Detail hinzu: Kassandras Fluch war fortan, dass sie zwar immer noch die Zukunft vorhersagen konnte, ihr aber niemand Glauben schenken sollte. Schlimmer noch, man hielt sie für komplett verrückt. So hörte im Trojanischen Krieg niemand auf sie, als sie vor der Hinterlist der Griechen und dem Trojanischen Pferd warnte. Was daraufhin geschah, ist bekannt: Die Trojaner wurden besiegt.

Der griechische König Agamemnon nahm Kassandra als Sklavin mit nach Mykene und machte ebenfalls den Fehler, nicht auf ihre Prophezeiung zu hören. Sie sagte nämlich voraus, dass seine Frau Klytämnestra ihn mit Hilfe ihres Geliebten Aigisthos umbringen werde.

Ohne Vorsichtsmaßnahmen zu ergreifen, wurde er also bei seiner Heimkehr erdolcht. Und weil die frischgebackene Witwe und ihr Liebhaber die unbequeme

Kassandra für eine blöde Petze hielten, musste sie gleich mit über die Klinge springen.

Was lernen wir daraus?

Manchmal ist es besser, die Klappe zu halten und seine Umwelt weder mit seinem Pessimismus noch mit übersteigertem Optimismus zu nerven. Und es interessiert auch niemanden ernsthaft, ob ein zur Hälfte gefülltes Glas halbleer oder halbvoll ist.

Eines vereint die beiden Extreme jedoch auf wundersame Weise: Im Zusammenleben ist beides gleich schrecklich.

## DAS KLAPPT SOWIESO NICHT
### oder
### Wie hält man einen Pessimisten aus?

Vor fünfundzwanzig Jahren lebte ich in einer Dreier-WG mit einer weiteren Frau, nennen wir sie Suse, und einem Mann, nennen wir ihn Bob.

Über Bob schien ständig eine schwarze Wolke zu schweben.

Ohnehin nicht der Schwatzhafteste unter der Sonne, benutzte er folgenden Satz geradezu inflationär: »Das klappt sowieso nicht.«

Interessierte er sich für ein Konzert, war es »bestimmt ausverkauft«, wurde er zu einer Party eingeladen, dann »bestimmt nur aus Höflichkeit«.

Eines Tages, es war Winter und es herrschte klirrende Kälte, kamen Suse und ich nach Hause, und Bob saß auf dem Sofa, in eine Decke eingewickelt wie ein In-

dianer. Sein Gesicht war in kummervolle Falten ge-
legt, und er verkündete bei unserem Eintreten düster:
»Die Kohlen sind alle. Wir werden erfrieren.«
Dass die Kohlen ausgehen, kann passieren, wenn man
rund um die Uhr damit beschäftigt ist, cool zu sein.
Aber Suse war eine tatkräftige Frau und klimperte
auffordernd mit ihrem Autoschlüssel.
»Los, Bob, wir fahren zum Kohlenhändler und holen
ein paar Sack voll«, bestimmte sie forsch, ohne sich von
der Hiobsbotschaft umhauen zu lassen. Bob sträubte
sich ein wenig, ließ sich aber dann doch überreden.
Bereits auf dem Weg zum Auto ging es weiter.
»Das Auto springt bestimmt nicht an.«
Als der Wagen ohne Probleme losfuhr, folgte: »Das
Benzin reicht bestimmt nicht.«
Das im Tank befindliche Benzin brachte die beiden
störungsfrei und ohne Probleme auf den Hof des Koh-
lenhändlers, wo Bob sich weigerte, das Auto zu verlassen.
»Die verkaufen bestimmt nicht säckeweise.«
Taten sie natürlich doch, und Suse orderte zwei Säcke
à fünfzig Kilo, die von den freundlichen Mitarbeitern
ohne Umstände in den Kofferraum des Autos gewuch-
tet wurden, was Bob zu folgendem Kommentar ver-
anlasste: »Bestimmt gehen die Stoßdämpfer davon
kaputt.«
So ging es munter weiter, bis sie wieder vor unserer
Haustür standen. Suse wies Bob an, zu klingeln, damit
ich ihm helfen könne, die Kohlen in den Keller zu
transportieren, denn sie musste sofort weiter. Er tat
nichts dergleichen. Während ich ahnungslos in der

Wohnung saß, ackerte er im Keller allein vor sich hin. Als er schließlich wieder oben auftauchte und sich daranmachte, den erkalteten Ofen anzuheizen, hatte er einen Gesichtsausdruck, den meine Oma als »das Leiden Christi« bezeichnet hätte.

Zu Suse hat er später gesagt, er hätte mich deshalb nicht von seiner Rückkehr benachrichtigt, weil ich »bestimmt sowieso nicht geholfen hätte«!

Mit Pessimisten zusammenzuleben ist unglaublich anstrengend. Sollte Ihr Partner zu diesem Menschenschlag gehören, versuchen Sie nicht, ihn von seiner negativen Sicht der Dinge abzubringen, womöglich durch vernünftige Gegenargumente. Das klappt nicht und führt zu heftigem Streit, weil er sich von Ihnen nicht ernst genommen fühlt. Murmeln Sie auf seine Weltuntergangsphantasien vage Erwiderungen wie »Hm« oder »Denkst du wirklich?«.

Und wenn dann alles, wie nicht anders zu erwarten, gut ausgeht, tun Sie so, als hätte er es die ganze Zeit gewusst.


## ALLES IMMER NUR DUFTE
### oder
### Warum Optimisten einen Maulkorb tragen sollten

Optimisten sind beseelt von einem unverrückbaren Glauben an ein gutes Ende, möge der Stand der Dinge auch noch so unheilvoll sein.

Hört sich ganz sympathisch an, nicht wahr?

Alles ist immer super, dufte, wunderbar, und jegliche

Diskussion über mögliche andere Optionen ist frucht-
loser als der Versuch, einer Katze beibringen zu wollen, Ihnen morgens die Tageszeitung ans Bett zu bringen.

Während der Pessimist von vornherein vom Schlimmsten ausgeht, ist beim Optimisten das Gegenteil der
Fall. Dadurch schafft er sich allerdings so manche
hausgemachte Enttäuschung, denn an einen anderen
Ausgang als den von ihm beschworenen positiven
verschwendet er keinen einzigen Gedanken. Umso
unverhoffter trifft es ihn dann, wenn sich seine Hoff-
nungen einmal nicht erfüllen.

Doch die Enttäuschung währt nur kurz, denn durch
einen kleinen Rückschlag lässt er sich keineswegs ent-
mutigen. Sein Wahlspruch lautet: »Alles wird gut«,
und so kann ihn kein Schicksalsschlag aus der Bahn
werfen, da dieser bestimmt auch sein Gutes hat – haben muss.

Unbeirrt packt er für den Ausflug Sonnencreme statt
Regenschirm ein. Auch wenn er immer wieder nass
nach Hause kommt, ist er sich sicher, dass der Sommer
erst noch richtig anfängt.

In einer Partnerschaft ist das auf Dauer etwas ermüdend. Wenn Sie eine neue Waschmaschine kaufen
wollen, weil die alte schon bedrohlich rumpelt, hören
Sie: »Mach dir keine Sorgen, das klappt schon«, und
stehen bald mit den Füßen im Wasser.

Jeder Mensch, den er kennenlernt, ist automatisch
eine Bereicherung für Ihren Bekanntenkreis – egal,
was andere über denjenigen sagen.

Heben Sie warnend den Finger, weil Ihnen der Ver-

käufer des Gebrauchtwagens, den Ihr Partner anzuschaffen gedenkt, Ihnen mehr als windig erscheint,
werden Sie ausgelacht und »olle Unke« genannt. Bis
das Schnäppchen nach 120 Kilometern liegen bleibt.

Ist Ihr Partner naiv oder gar dumm? Keineswegs.

Er hat einfach ein sonniges Gemüt, wie es sonst nur
Kinder haben, und es gehört zu Ihren Aufgaben, ihn
in den Arm zu nehmen und zu trösten, wenn er mal
aus seinem Wolkenkuckucksheim fällt und unsanft
auf dem Boden der Tatsachen landet.

Doch keine Sorge, er wird sich in kürzester Zeit wieder
aufrappeln, den Staub von seiner Kleidung klopfen
und den Aufstieg erneut wagen. Todsicher gibt es sofort wieder etwas in seinem Leben, auf das er sich
wahnsinnig freut, weil es bestimmt super wird.

Ein wirklich Gutes hat diese Einstellung: Er wird nicht
im Traum in Erwägung ziehen, dass Ihre Beziehung
irgendwann einmal zerbrechen könnte.

Freuen Sie sich darüber.

# Gebrauchsanweisungen –
# Fluch oder Segen?

Schon der Universalgelehrte Leonardo da Vinci versäumte es nicht, zu seinen zahlreichen Erfindungen die Gebrauchsanweisungen gleich mitzuliefern. Skizzen illustrieren in leicht verständlicher Form deren Funktion, Aufbau und Handhabung. Hätte man damals zum Beispiel seine Flugschraube nicht für völlige Spinnerei gehalten und stattdessen weiterexperimentiert, wäre die Menschheit vielleicht schon im 16. Jahrhundert mit Helikoptern durch die Lüfte gebraust.

Im Zeitalter zunehmender Technisierung wären wir ohne Bedienungsanleitungen vollkommen hilflos.

Schraubte man früher ein Radio auf, erkannten auch Hobbytechniker meist sofort, wozu welches Teil im Inneren des Gerätes gut war und wie es ausgetauscht werden konnte.

Entscheidend für die Inbetriebnahme neuer Geräte ist heutzutage dagegen die Verständlichkeit der Gebrauchsanweisung – logisch.

Allerdings scheint sich der eine oder andere internationale Hersteller eine professionelle Übersetzung ins Deutsche zu sparen und jagt den Text online durch berühmt-berüchtigte Übersetzungsprogramme, die zum Beispiel den Begriff »Poprock« gern mal mit »Knallfelsen« übersetzen. Die Lektüre solcher Bedienungsanleitungen versprechen Stunden ungetrübter Heiterkeit – es sei denn, Sie versuchen, Ihrer neuen Musikmaschine auch nur den kleinsten Mucks zu entlocken.

Hier noch ein Beispiel: »Das ist ein klein, das dünnest MW / UKW stereo HI-FI in der Welt, mit faltbar stereo Kopfphon ... Setzen sie das stereo Kopfphon in Kopfphon Wagenwinde ein, die Macht ist an, sonst die Macht ist ab. When sie kleinen Lärm wollen, als die Stereo Wirkung, setzen den Umschalter an MONO.«

Oder wie wäre es hiermit: »Du habe Bretter und Schrauben. Makst du Schraube in Loch. Wenn passt, dann gut. Wenn nix passt, dann nimmt Wand und schraube fest. Schaue Bilt und gucke, ob gut ist.«

Und zack! – schon hängt das Regal an der Wand. Da bleibt nur zu hoffen, dass die Macht an ist, denn sonst ist die Macht ab.


## EIN NEUES GERÄT KOMMT INS HAUS
### oder
### Jedes Wort ist wichtig


Ihr Schatz war im Elektronikfachmarkt und präsentiert glücklich seine Beute, eine Digitalkamera der neuesten Generation, dessen Gebrauchsanweisung so dick ist wie das Berliner Telefonbuch.

»Du wirst nicht glauben, was man alles damit machen kann«, hyperventiliert Ihr Partner enthusiastisch und reibt sich voller Vorfreude die Hände.

»Fotografieren, nehme ich an«, geben Sie zurück.
»Und hoffentlich ist sie einfach zu bedienen.«
Er lächelt mitleidig über so viel Unwissenheit. Dann
zieht er sich mit der Bedienungsanleitung zurück, und
Sie wissen, dass Sie ihn während der nächsten 24 bis
48 Stunden höchstens zum Essen sehen werden. Gott
sei Dank ist es gerade Samstag, sonst müsste er sich
glatt zwei Tage Urlaub nehmen.
Sehnsüchtig erinnern Sie sich an die Zeit, als ein Fotoapparat wirklich nur ein Fotoapparat war. Ein Film
wurde eingelegt, Bilder wurden geknipst, dann nah-
men Sie den Film heraus, steckten ihn in diese kleine
Plastikdose, brachten ihn zum Entwickeln, und kurze
Zeit später blätterten Sie durch Ihre Urlaubsfotos und
legten sich ein hübsches Album an. Jeder Idiot war
dazu imstande – auch ohne Handbuch.
Heutzutage brauchen Sie ständig einen Fachmann an
Ihrer Seite, der Ihnen erklärt, welcher Aufnahmemo-
dus nun gerade der günstigste ist – und den haben Sie,
denn Ihr Partner hat die Gebrauchsanweisung buchstäblich vom ersten bis zum letzten Wort durchgeackert. Nicht nur das, er hat sogar sämtliche Funktio-
nen ausprobiert – und das dauert.
Vor allem aber nervt es, denn ständig müssen Sie bei
ihm antanzen, um sich irgendeine mirakulöse Funktion anzusehen.
Mit den Worten »Sag mal was!« wird das Gerät auf Sie
gerichtet.
Sagen? Sprechen??? Ist eine der Wunderfunktionen,
dass über Ihrem Abbild auf dem Foto eine Sprechblase
erscheint, in der das Gesprochene steht?

Das zwar nicht, aber die Kamera kann auch kurze Filme aufzeichnen, und Sie sollen auf der Stelle lernen, wie Sie das bewerkstelligen.

Wollen Sie aber nicht.

»Du solltest dich hiermit beschäftigen«, sagt Ihr Partner und tippt auf das Handbuch.

Wollen Sie ebenfalls nicht, Sie lesen lieber einen spannenden Krimi. Natürlich sind Sie kein erklärter Feind von Bedienungsanleitungen, denn – wie bereits erwähnt – es reicht heute in den seltensten Fällen, einfach einen Knopf zu drücken, um ein Gerät zum Laufen zu bringen.

Stattdessen müssen wirre, undurchsichtige Tastenkombinationen gedrückt und ellenlange Nummerncodes eingetippt werden, Passwörter werden eingefordert und PIN-Codes individualisiert.

Ihnen reicht es allerdings völlig, unter dem Punkt »Inbetriebnahme« nachzuschlagen, um dann die Bedienungsanleitung in der Schublade verschwinden zu lassen, in der schon all die anderen liegen. Und wenn Sie einmal ein Problem mit dem Gerät haben, sehen Sie unter »Fehlersuche« nach.

Oder Sie rufen nach Ihrem Schatz.

Er wird Sie milde tadeln und sich freuen, das Gelernte anwenden zu können. Gönnen Sie es ihm.

## DER AUTODIDAKT
### oder
### Handbücher sind was für Feiglinge

Selbst in Kinder-Überraschungseiern gibt es Bauanleitungen, mit deren Hilfe man die winzigen Einzelteile in der gelben Plastikhülle zu einem kleinen Bagger oder einer Figur zusammensetzen kann. Eier, in denen einfach nur ein blöder Schlumpf ist, sind dagegen langweilig, und so hält man sie sich ans Ohr und schüttelt, bevor man eins kauft. Rappelt es wie in einer Babyrassel, darf man sich auf jede Menge Spaß freuen, denn es gehört zum Spiel, die Bauanleitung keinesfalls zu Rate zu ziehen.

Nun gibt es Menschen, die aus Prinzip und grundsätzlich sämtliche Bedienungs- und Aufbauanleitungen ignorieren.

Dazu passt folgende Geschichte: Schon mehrfach hatte eine Bekannte ihrer Mutter verschiedene Mobiltelefone geschenkt, die sich aber samt und sonders als zu kompliziert erwiesen. Nachvollziehbar, denn an undurchsichtigen Navigationen und mikroskopisch kleinen Tasten verzweifeln nicht nur über Siebzigjährige. Erschwerend kam hinzu, dass die Beschenkte grundsätzlich keine Bedienungsanleitungen liest.

Dann stieß besagte Bekannte in einem Werbeprospekt auf ein sogenanntes »Rentnerhandy«, das sich durch besonders große Tasten, simple Navigation, ein großes Display mit Festtagsbeleuchtung und ansonsten keinerlei überflüssigen Schnickschnack auszeichnete. Gesehen – gekauft. Das »Handbuch« war ein zusammengefaltetes DIN-A4-Blatt, das in einfacher Sprache und unterstützt durch Zeichnungen alles klar verständlich erklärte, was es über das Gerät zu wissen gab.

Sie ahnen, was passierte. Selbst dieses eine Blatt war zu viel. Jetzt fährt unsere Bekannte alle naselang zu ihrer Mutter, wenn diese sich mal wieder darüber beklagt, dass »das Handy nicht funktioniert! Und ich habe gar nichts damit gemacht!«.

»Hast du in die Bedienungsanleitung geguckt, Mutti?« Die Antwort ist Schweigen. Hat sie natürlich nicht. Und wieder wird unsere Bekannte feststellen, dass Mutti nicht aufgepasst hat und in der »Anrufliste« festhängt, wobei ein Tastendruck genügt, um das Gerät wieder funktionstüchtig zu machen.

Langer Geschichte kurzer Sinn: Sollten Sie jemanden dieses Schlages an Ihrer Seite haben, hat oberste Priorität, dass Sie sich beim Kauf eines neuen Gerätes sofort das Handbuch schnappen und an einem sicheren Ort deponieren, denn im schlimmsten Fall wird Ihr Schatz dieses nicht nur ignorieren, sondern umgehend auf Nimmerwiedersehen im Altpapiersammelbehälter verschwinden lassen.

Denn wenn Sie nicht bei jeder kleinen technischen Störung einen Reparaturservice bestellen wollen, der Ihnen für die sofortige Anreise und das Auswechseln der Batterie (denn das war alles, was »kaputt« war) zweihundert Euro abknöpft, sollten Sie immer wissen, wo Sie das passende Handbuch finden können.

Falls Ihr Schatz schneller war als Sie und die Bedienungsanleitung unauffindbar ist, bleibt noch das Internet, dort ist fast jedes Handbuch zu finden und kann heruntergeladen werden. Wenn es allerdings gerade der Computer ist, der Zicken macht, oder gar Ihre Internetverbindung zusammengebrochen ist, haben Sie Pech gehabt. Legen Sie in diesem Fall Ihr Scheckbuch bereit, denn das wird nicht billig.

# Von Indianern und Hypochondern

Die Gesundheit ist ein kostbares Gut, das es zu bewahren gilt. Dafür können Sie sich impfen lassen, Ihre Abwehrkräfte durch gesunde Ernährung unterstützen und Ihr Immunsystem durch tägliche Wechselduschen stärken.

Nicht immer reicht das, und man wird krank.

Das kann auf vielfältige Weise geschehen, auch wenn Sie sich gegen die jährliche Grippewelle durch intensive Prophylaxe gewappnet glaubten. So reicht es völlig, wenn jemand in der Kassenschlange im Supermarkt Schnupfen hat und Ihnen in den Nacken niest. Zack – schon hat es Sie erwischt, und bereits am Abend spüren Sie den typischen Vorboten eines grippalen Infekts: Kratzen im Hals.

Die Übergänge zwischen Gesundheit und Krankheit sind oft fließend. In manchen Fällen hat sich der Blickwinkel auf bestimmte körperliche Befindlichkeiten im Laufe der Jahrhunderte drastisch verändert. Während Fettleibigkeit in der Renaissance als Statussymbol galt, heißt sie heute Adipositas und wird als krankhaft betrachtet. Der Arzt wird dringend empfehlen, das Gewicht zu reduzieren – aber nicht zu viel, da sonst Untergewicht oder gar Magersucht drohen. Als gesund zu gelten liegt also irgendwo dazwischen und hängt zudem von der persönlichen Einschätzung ab.

Die Entscheidung »Ich bin krank« oder »Ich bin gesund« ist also in höchstem Maße subjektiv und wird meist völlig unbeeinflusst von der Diagnose eines Arztes getroffen.

»Leider«, mögen Sie seufzen, denn in Ihrer Partnerschaft ist genau das ein klassischer Streitpunkt.

## LASS NUR, MIR FEHLT NICHTS
### oder
### Ein Indianer kennt keinen Schmerz

Niemand weiß so recht, woher das geflügelte Wort mit dem Indianer und dem Schmerz kommt, vermutlich ist Karl May dafür verantwortlich. Die Phantasie-Indianer in seinen Romanen waren stets edel und mutig, schnitten sich mit riesigen Messern die Arme auf, um Blutsbrüderschaft zu schließen, und hätten am Marterpfahl niemals auch nur das Gesicht verzogen. Tatsächlich gab es bei den amerikanischen Ureinwohnern, wie bei anderen Naturvölkern auch, viele Rituale, die dazu dienten, Schmerz so gut wie möglich ertragen zu lernen und Folter auszuhalten, ohne darunter zusammenzubrechen.

Auch in Europa gibt es Rituale, bei denen man seine Leidensfähigkeit unter Beweis stellen kann.

So gehört es bei schlagenden Verbindungen an deutschen Universitäten zum guten Ton, sich gegenseitig Säbel um die Ohren zu hauen und erlittene Schmisse, also tiefe Schnitte im Gesicht, stoisch wegzustecken. Auch ein Besuch beim Tätowierer oder beim Piercer ist nichts für Memmen und kann durchaus als Mutprobe gelten.

Ist Ihr Partner ein Indianer, der keinen Schmerz kennt?

Herzlichen Glückwunsch, denn das ist nicht nur nervtötend, sondern auch gefährlich.

Eine Bekannte erzählte unlängst von ihrem (mittlerweile Ex-) Freund, der sich nicht nur höchst unvernünftig ernährte, sondern zusätzlich wie ein Schlot rauchte, sich nur bewegte, wenn es unvermeidbar war, und als Krönung eine Tube Senf in seinem Nachttisch deponiert hatte, um mitternächtliche Snacks geschmacklich jederzeit aufpeppen zu können. All ihrem Flehen und Bitten gegenüber zeigte er sich resistent, ihm ginge es wunderbar, beteuerte er immer wieder. Dann wurde bei ihm Diabetes diagnostiziert – für ihn jedoch kein Grund, seine Lebensgewohnheiten umzustellen. Meine Bekannte verzweifelte immer mehr. Zwar kochte sie fortan gesundheitsbewusst und streng nach den Vorgaben, die sie von einer Ernährungsberaterin erhalten hatte, aber ihr Liebster frönte weiterhin seiner unstillbaren Vorliebe für Studentenfutter und Mettwürstchen.

Eines Nachmittags, als sie von der Arbeit kam, fiel ihr auf, dass er ungewöhnlich blass und still war. Erst auf intensives Drängen hin gab er zu, sich in der Nacht zuvor sehr schlecht gefühlt zu haben, und murmelte etwas von »Druck auf der Brust« und »Schmerzen im Arm«.

Natürlich wollte sie sofort mit ihm ins Krankenhaus fahren, aber er weigerte sich strikt, was sie natürlich sehr wütend machte. Zum wiederholten Mal beschwor sie ihn, mit seiner Gesundheit sorgsamer umzugehen, denn schließlich habe sie vor, noch viele Jahre gemeinsam mit ihm zu verbringen, aber er ließ sich nicht umstimmen.

Am späten Abend desselben Tages kam er plötzlich ins Wohnzimmer gewankt, grau im Gesicht und mit weißen Lippen. Jetzt wolle er doch vielleicht gern ins Krankenhaus, stöhnte er und fiel halb bewusstlos in den Sessel.

Es folgten: »Emergency Room« live in ihrem Wohnzimmer, Blaulichtfahrt im Konvoi mit Rettungswagen und Notarzt zum Krankenhaus, Operation, tägliche Besuche beim Leidenden (der fortwährend lautstark nach einer Zigarette jammerte), Kuraufenthalt und weitere Ernährungsvorschriften, die nur unter ständigem Nörgeln befolgt wurden. Und nach der Trennung musste sie sich Folgendes anhören: »Schließlich habe ich deinetwegen den mageren Fraß ausgehalten.« Eine traurige, aber wahre Geschichte.

Ist Ihr Partner jemand, der jede Bronchitis so lange verschleppt, bis daraus eine Lungenentzündung geworden ist? Nimmt er seine Antibiotika nicht zu Ende, sondern setzt sie ab, sobald er sich etwas besser fühlt? Sind alle Ärzte für ihn »geldgierige Quacksalber«, die nur an ihm verdienen wollen, und Krankenhäuser die reinsten Patienten-Melkmaschinen?

Überlegen Sie sich gut, ob Sie das aushalten können, denn Indianer, die keinen Schmerz kennen, gehen unter Umständen hohe Risiken ein. Viel besser ist es da doch, sich rechtzeitig behandeln zu lassen, damit sie noch lange gemeinsam über die Steppe galoppieren können.

## DER EINGEBILDETE KRANKE
### oder
### Ist Hypochondrie heilbar?

»Der eingebildete Kranke« ist ein lustiges Theaterstück von Molière. Das Publikum amüsiert sich königlich über die Hauptfigur, den reichen Argan, der wegen seiner eingebildeten Leiden ein leichtes Opfer für die Geldgier seiner Ärzte ist.

Einen Hypochonder als Partner zu haben ist dagegen eine echte Tragödie.

Hypochondrie gilt als psychische Störung, denn der Betroffene glaubt, an einer oder mehreren schweren Krankheiten zu leiden, für die sich beim Arzt kein objektiver Befund finden lässt.

Das Internet ist dagegen ein Paradies für Hypochonder. Sie können ihre diffusen Symptome in Suchmaschinen eingeben und werden dafür mit einer Fülle exotischer Krankheiten belohnt, die allesamt tödlich enden. Dem Hypochonder ist es egal, dass er sich auf keinen Fall mit Parasiten, die ausschließlich auf West-Borneo in den Kötteln einer so gut wie ausgestorbenen Schleichkatze vorkommen, infiziert haben kann. Er wird diese unwahrscheinliche Option gern als Schicksal annehmen und fortan damit kokettieren, dass seine Tage gezählt sind. Wenn er auch keinem Virus gegenüber resistent zu sein glaubt – gegen Ihre

104

vernünftigen Argumente ist er immun, und das ganz ohne Impfung und Mundschutz.

Ein Hypochonder, der in der Kassenschlange oder der U-Bahn angeniest wird, wartet nicht auf das Kratzen im Hals. Er stürmt sofort die nächste Apotheke und deckt sich mit Medizin ein: Hustensaft, verschiedene Grippeblocker und Vitamintabletten bilden fortan die Grundlage seiner Ernährung. Jammernd richtet er sich auf dem gemeinsamen Sofa ein und fleht Sie mit schwacher Stimme an, eine Hühnersuppe zu kochen und Bier zu erhitzen, um damit wenigstens einen Teil der Viren auszutreiben, die zu Milliarden seinen gepeinigten Körper bevölkern.

Fortan sind Sie zu seiner Krankenschwester auserkoren, die ihm kühlende Tücher auf die Stirn legt und auf gekrächzte Befehle hin alles heranschleppt, was er zu benötigen glaubt.

Seltsamerweise ist genau das die Situation, in der er ungern einen Arzt aufsucht. Die Gefahr, für gesund erklärt zu werden, ist viel zu groß.

Ein winziger Schnitt in den Finger bedeutet eine baldige Blutvergiftung, ein Mückenstich hat seiner Meinung nach zwangsläufig eine Hirnhautentzündung zur Folge, und leichter Kopfschmerz kann nur bedeuten, dass in seinem Kopf ein pampelmusengroßer Tumor heranwächst.

Was der Hypochonder nicht merkt, ist, dass er selbst die größte Gefahr für sich ist. Da er ständig über Symptome lamentiert, die er nicht hat, werden Sie ihm womöglich nicht mehr glauben, wenn es ihm wirklich schlechtgeht. Falls Ihre Beziehung überhaupt bis zu diesem Punkt kommt, denn irgendwann hören Sie ihm nicht mehr zu oder lachen ihn aus.

Das mag er gar nicht.

Er wird schnell zu dem Schluss kommen, dass Sie ein gefühlloses Monster sind, ihn nicht mehr lieben (beziehungsweise nie geliebt haben) und dass es Ihnen egal ist, ob er lebt oder stirbt.

Im schlimmsten Fall sind Sie dann bereits längst so genervt, dass er damit sogar recht hat.

# Vom Duzen und vom Siezen

**W**elche Form der Anrede wir wählen, wird von uns je nach Situation entschieden. Sicherlich wäre es unangemessen, bei einem Bewerbungsgespräch in einer Bank den Personalchef mit »Hallo, wie geht es dir? Ich bin die Susi« zu begrüßen. Gleichermaßen würde in einer jungen, hippen Eventagentur das Intro »Guten Tag, wenn ich mich vorstellen darf: Mein Name ist Susanne Schmidt« unter Umständen hochgezogene Augenbrauen hervorrufen.

Die Anrede sagt viel darüber aus, wie und wo wir uns im sozialen Gefüge und speziell im Verhältnis zu unserem Gegenüber einordnen.

Duzt ein Chef seine Angestellten, lässt sich umgekehrt aber siezen, spricht das eine deutliche Sprache. Sieze ich jemanden, der mich geduzt hat, halte ich ihn damit auf Distanz und signalisiere, dass ich keine Vertraulichkeiten wünsche. Wenn sich in einem Film ein Mann und eine Frau, die sich immer gesiezt haben, plötzlich duzen, hatten sie Sex miteinander oder haben sich zumindest geküsst.

Beim englischen »you« signalisiert die Tatsache, ob ich mein Gegenüber mit »Mr. Jones« oder mit »Bob« anrede, ob ich ihn duze oder sieze. Während es in einigen Ländern – besonders in Nordeuropa – das »Sie« im herkömmlichen Sinne kaum noch gibt, siezen sich in Frankreich in höheren Kreisen selbst Ehepaare untereinander, was vielleicht gar nicht so schlecht ist.

»Du blöde Kuh« ist bei einem Streit deutlich schneller gesagt als »Sie blöde Kuh«.

In letzter Zeit scheint das Duzen überhandzunehmen, besonders deutlich wird das vor dem Fernsehgerät. Der Duz-Siez-Äquator ist klar erkennbar: Er verläuft zwischen den öffentlich-rechtlichen und den privaten Sendern. Unvorstellbar, dass Sandra Maischberger in ihrer Talkrunde jemanden duzt; ebenso wenig würde Dieter Bohlen einen Teilnehmer seiner Castings siezen. Natürlich gibt es Mischformen, zum Beispiel unter Arbeitskollegen: Üblich ist die Benutzung des Vornamens, trotzdem wird gesiezt. Und jeder kennt die ganz spezielle »Supermarkt-Duzform« unter den Mitarbeitern: »Frau Müller, weißt du, was die Mandarinen kosten?«

## DURCHS WILDE DUZISTAN
### oder
### Haben wir schon miteinander gekegelt?

Wenn man sein Leben lang in Berufen gearbeitet hat, in denen inflationär geduzt wird, fällt es unter Umständen nicht nur schwer, zum »Sie« zu finden, sondern man empfindet es geradezu als Beleidigung, gesiezt zu werden.

»Entschuldigen Sie bitte, können Sie mir Geld für den Zigarettenautomaten wechseln?« will man als ewiger Berufsjugendlicher in der Szenegastronomie keinesfalls hören und kann so zu einer schweren Sinnkrise führen. Schlagartig fühlt man sich uralt und völlig fehl am Platze. »Sie« – das klingt plötzlich nach Stützstrümpfen, Gleitsichtbrille und einer offenbar längst überfälligen Ganzkörperstraffung.

Ist Ihr Partner ein notorischer Duzer?

Gehen wir mal davon aus, dass er vielleicht in der Medienbranche arbeitet oder in einem anderen Bereich, wo es überlebenswichtig ist, jung und dynamisch zu sein, um mit dem Nachwuchs mithalten zu können. Ihnen ist auf jeden Fall zu wünschen, dass er intellektuell dazu in der Lage ist, zwischen Arbeitswelt und dem restlichen Universum zu differenzieren. Ansonsten erleben Sie Unliebsames, wenn Sie ihn Ihren Eltern vorstellen.

Vielleicht haben Sie Ihre Eltern zu diesem nicht ganz unwichtigen Anlass nach Hause zum Essen eingeladen, und sicher haben Sie es nach harten Kämpfen auch geschafft, Ihren Schatz zu überreden, seine »Berufs-Jeans« mit den Löchern und dem ausgefransten Saum gegen eine intakte zu tauschen. Ihre erwartungsvollen Eltern treffen ein, und ehe Sie selbst die gegenseitige Vorstellung übernehmen können, vernehmen Sie erschauernd: »Hi, ich bin der Tom. Und ihr beiden seid also die Eltern von meiner Süßen?«

Sie hören buchstäblich, wie bei Ihren Erzeugern ein gerade noch einladend geöffnetes Tor donnernd zuknallt und mehrere Riegel vorgeschoben werden. Sie sind fassungslos. Sie hatten ihn doch extra auf diese für Ihre gemeinsame Zukunft immerhin nicht ganz unwichtige erste Begegnung vorbereitet! Was genau hat Ihr Partner an »Meine Eltern legen Wert auf gute Umgangsformen« nicht verstanden?

Zu spät.

Ihr Vater ist zur Salzsäule erstarrt, Ihre Mutter signalisiert Ihnen, Sie in der Küche unter vier Augen sprechen zu wollen. »Was ist das für ein unmöglicher Mensch?«, wird sie hinter geschlossenen Türen fragen, und das wird fortan seine Bezeichnung sein. »Dieser unmögliche Mensch«. Der Gesichtsausdruck Ihrer Mutter irrlichtert zwischen Mitleid und Entsetzen über diesen … Sie wissen schon.

Sie ahnen, die Rehabilitation Ihres Partners wird zu einer Lebensaufgabe, denn diese Situation wird nie wieder aus dem kollektiven Familiengedächtnis zu löschen sein. Schließlich sind Ihre Eltern Menschen, die selbst ihre Nachbarn noch siezen, mit denen sie seit vierzig Jahren gemeinsam Karneval feiern und unzählige Male gegrillt haben.

Der Abend ist jedenfalls gelaufen. Ihre Eltern fragen sich, was sie um Himmels willen bei ihrer Erziehung falsch gemacht haben, dass Sie bei diesem Kerl gelandet sind, und ehe Ihr Partner zu einer Familienfeier eingeladen wird, friert die Hölle zu.

Was können Sie also tun, wenn Ihr Partner ein unverbesserlicher Duzer ist?

Geben Sie ihm klare Anweisungen, wen er unter allen Umständen zu siezen hat, und zwar so lange, bis ihm das »Du« angeboten wird. Seien Sie kompromisslos, denn es gibt keinen schlimmeren Start als den oben geschilderten.

Erweist Ihr Partner sich allerdings als beratungsresistent und schwafelt etwas von »Ich lasse mich nicht verbiegen«, ist es vielleicht besser, wenn Sie erst einmal seine Eltern kennenlernen.


## DAS SIEZEN ALS WELTANSCHAUUNG
### oder
### »Soooo gut kennen wir uns jetzt auch nicht«

Als Sie Ihren Partner kennengelernt haben, waren Sie hingerissen. Die Tatsache, dass er Sie siezte, zeugte von Höflichkeit und Respekt Ihnen gegenüber. Damit hob er sich wohltuend ab von all den plump-vertraulichen Rüpeln, die nach kurzem Kennenlern-Gespräch bereits Ihre Adresse und Handynummer haben wollten und Sie als Zicke titulierten, wenn Sie dies verweigerten und erklärten, dass Sie es vorzögen, derlei Nähe erst einmal wachsen zu lassen.

Ihr Partner hingegen erwartete nicht einmal von Ihnen, dass Sie die erste Einladung zum Essen dadurch honorierten, dass Sie mit ihm sofort ins Bett springen. Im Gegenteil: Seine Umgangsformen waren tadellos. Er hielt Ihnen die Tür auf, nahm Ihnen den Mantel ab und überließ es Ihnen, wann Sie den geeigneten Zeitpunkt, zum »Du« überzugehen, für gekommen hielten.

Mit der Zeit wurde er Ihnen gegenüber lockerer, nicht jedoch gegenüber Ihrem Freundeskreis. Grundsätzlich stellt er sich als »Müller, angenehm« vor, so dass dem Gegenüber keine andere Wahl bleibt, als ihn mit »Herr Müller« anzureden. Natürlich wissen Ihre Freunde, dass er Marcus, Andreas oder Uwe heißt, aber wer würde es bei seiner Vorstellung schon wagen, ihn mit seinem Vornamen anzusprechen?

Sie nehmen ihn beiseite, ermuntern ihn, Ihre Freunde zu duzen, und ernten hochgezogene Augenbrauen.

»Ich kenne diese Menschen erst seit ein paar Minuten«, sagt er.

»Aber ich kenne sie seit Jahren«, geben Sie zurück, »sie sind wirklich nett.«

»Ich möchte mir darüber selbst ein Urteil bilden. Bei mir muss man es sich verdienen, dass ich jemanden duze.«

Ach, tatsächlich?

Ist es Arroganz, die aus ihm spricht? Das Bedürfnis, sich über andere Menschen zu stellen? Plötzlich fragen Sie sich, warum er nicht gleich den Pluralis Majestatis benutzt. »Wir haben noch nicht entschieden, ob wir Ihn zu duzen wünschen.« Das wäre doch mal eine Ansage.

Täuschen Sie sich nicht. Diese vermeintliche Arroganz könnte in Wirklichkeit tiefe Unsicherheit sein.

Klingt unlogisch? Ist es nicht!

Klare Regeln und Grenzen geben Sicherheit im Umgang mit anderen. Je höher die soziale Kompetenz eines Menschen, desto souveräner ist er.

Wenn Ihre beste Freundin sich ihm jedoch mit »Hallo, ich bin Marion« vorstellt und er mit »Müller, angenehm« antwortet, könnten Sie ein Problem haben. Denn in diesem Fall vermittelt er Ihrer Freundin das Gefühl, ihm gegenüber eine Grenze überschritten zu haben, und beschämt sie durch seine Distanz gebietende Reaktion. Das zeugt eindeutig von mangelnder sozialer Kompetenz.

Seien Sie also geduldig mit Ihrem Partner und gestehen Sie ihm einige Zeit zum Aufwärmen in fremden Gruppen zu. Dafür können Sie auch sicher sein, dass er Ihre Freunde wirklich mag, wenn er Ihnen dann doch eines Tages das »Du« anbietet.

# Dekoration daheim

Sein Heim zu schmücken und durch Dekoration zu verschönern ist traditionell eine Domäne der Damenwelt.

Schon vor 30 000 Jahren bemalten Menschen die Wände ihrer Höhlen. Vielleicht stand im Jungpaläolithikum eine Cro-Magnon-Frau in ihrer kahlen Höhle und dachte darüber nach, wie sie die schmucklosen Wände aufpeppen und den Neid und die Bewunderung der Nachbarin hervorrufen könnte?

Man weiß es nicht.

Gegenständliche Wandmalerei wie die wunderschönen Fresken in Pompeji erzählen uns noch heute, welchen Beruf oder welche Vorlieben die Bewohner der Häuser hatten – manchmal nicht jugendfrei, wenn es sich um ein Freudenhaus handelte. Die heute noch gebräuchliche Trompe-l'Œil-Technik, auch Illusionsmalerei genannt, schuf Ausblicke in traumhafte Phantasielandschaften oder täuschte architektonische Finessen wie Säulengänge und Kuppeln vor.

Heutzutage helfen Dutzende Zeitschriften, die sich ausschließlich diesem Thema widmen, dabei, die Wohnung »richtig« einzurichten und sich zwischen den ständig wechselnden Trends und Moden zurechtzufinden. Doch hier ist Vorsicht geboten, denn einige derjenigen, die vor ein paar Jahren auf die lautstarke Beschwörung des 70er-Jahre-Retrostils gehört haben, fragen sich heute, welcher Teufel sie bloß geritten hat, als sie sich für die Tapete mit dem gigantischen orange-braunen Muster entschieden haben, das uns doch eigentlich schon vor Jahrzehnten kirre gemacht hat.

Zeitschriften mit Titeln wie »Zuhause wohnen«, »Landleben« oder »Schöner wohnen« führen uns sicher durch das Dickicht aktueller Wohntrends, klären uns über angesagte Farben und Formen auf und verkünden wahlweise das Ende oder die Rückkehr der klassischen Eckbank für Ihr Esszimmer.

Der Wermutstropfen ist allerdings, dass Magazine, bei denen das Wort »Decoration« im Titel steht (entscheidend ist hier das »c«) gern Einrichtungstipps geben, für die Otto Normalmöbelkäufer ein paar Monate schuften gehen muss.

## DIE DURCHSTYLER
### oder
### Wenn Bücher die Optik stören

Manchmal betritt man eine Wohnung und ist für einen Moment irritiert. Haben Sie sich in der Tür geirrt und sind aus Versehen in einem Möbelhaus gelandet? Alles ist farblich und stilistisch bis ins Detail durchkomponiert, von der Fußmatte vor der Haustür über das Sofa nebst Kissen und den Servietten auf der Kaffeetafel bis hin zum geschmackvollen Arrangement aus gesammelten Steinen und silbrigem Treibholz auf dem hochmodernen Sideboard. Alles schimmert in dezenten Natur- und Grautönen.

Sie werden aufgefordert, Platz zu nehmen, und lassen sich auf einen Sessel sinken, aber nur, um direkt wieder aufzuspringen, denn Ihre pink-lila gemusterte Bluse lässt das sorgfältig ausgetüftelte optische Gefüge krachend in sich zusammenbrechen. Um es kurz zu sagen: Sie sind ein Störfaktor in dieser Wohnung, das ist nicht zu übersehen.

In einer Partnerschaft mit einem Durchstyler ist die Optik entscheidend und nicht etwa, ob die Wohnung gemütlich ist, das müssen Sie sich klarmachen. Immer mehr Männer zählen zu dieser Gruppe. Männergeschmack bedeutet schon lange nicht mehr, dass die Wohnung entweder komplett mit Chrom, Glas und Leder eingerichtet ist oder aussieht wie ein Hotelzimmer unterster Kategorie.

Durch Zeitschriften oder Kataloge, die meist auf Doppelseiten über die Möbel hinaus komplette Zimmerausstattungen inklusive Gardinen und Bildern feilbieten, wird es auch unsicheren Ausstattern der eigenen vier Wände leichtgemacht, nicht in allerorts lauernde Stil-Fettnäpfchen zu treten.

Zumindest solange es ihnen nichts ausmacht, angesichts der Einrichtung sofort als Doppelseiten-Besteller entlarvt zu werden. Diese Vorgehensweise kann allerdings zur Crux werden, denn zukünftig darf kein Teil von seinem Platz bewegt und woanders hingestellt werden. Im Katalog stand auf der Fensterbank ein Kerzenleuchter? Dann darf dieser keinesfalls durch eine Topfpflanze ersetzt werden, weil das geradezu anarchistische Orange von deren Blüten die Balance des Farbkonzeptes stören könnte.

Keine Zeitung liegt auf dem Couchtisch, alle Sofakissen sind stets akkurat ausgerichtet, und weder die Geschirrtücher in der Küche noch die Bettbezüge im Schrank zeigen auch nur einen einzigen farblichen Ausreißer. Und das Schlimmste: Bücherregale sind verboten. Vielleicht gibt es gerade noch den großformatigen Fotoband von Robert Mapplethorpe, alle Bilder natürlich in Schwarzweiß, der wie zufällig auf dem Beistelltisch neben dem Designersofa liegt – und zwar exakt so, wie man es im Hochglanzmagazin gesehen hat.

Warum speziell Regale voller Bücher nicht gern gesehen werden, liegt auf der Hand: Wie würde denn bitte schön eine Wand aus farblich unkontrollierbar unterschiedlichen Buchrücken in Ihrem harmonisch durchgefärbten Wohnzimmer wirken? Grüne Buchrücken, schwarze, lila, bunte oder gelbe, mit rotergrünerrosaweißergelber Schrift in unterschiedlichen Schrifttypen? Dicke Bücher, dünne Bücher, Paperback und Hardcover – alles durcheinander? Ein Alptraum, schließlich sind Bücher nicht so einfach hinter Schranktüren zu verstecken wie Ihre DVD- oder CD-Sammlung, für die es längst eigens dafür vorgesehene Schubladen gibt.

Regale sind allenfalls dafür da, pro Fach eine Vase oder wahlweise eine afrikanische Maske abzustellen, alles andere sieht unordentlich aus.

Und wenn Sie nicht mehr selbst das »Unordentliche« in Ihrer eigenen Wohnung sein wollen, weil Sie nicht die Farben, Muster und Stoffe Ihrer Kleidung Ihren Möbeln anzupassen bereit sind, sollten Sie sich mal

ernsthaft mit Ihrem persönlichen Durchstyler unterhalten.


## FREESTYLE FOREVER
### oder
### Alles kann, nichts muss

Während von der Fußleiste bis zur Decke durchgestyl-
te Wohnungen meist ein Defizit an persönlicher At-
mosphäre aufweisen, bietet der Freestyler davon ein
Übermaß. Dem männlichen Exemplar dieser Spezies
ist es meist völlig wurscht, wie sein Heim eingerichtet
ist. Ein Tisch ist ein Tisch ist ein Tisch – eine Platte mit
vier Beinen drunter halt, nicht mehr und nicht weniger, und schon erst recht kein modisches Statement.
Eine Bekannte erzählte mir von ihrem Partner, der
folgenden Satz sagte: »Ob eine Vase mit Blumen oder
ein Becher mit Buntstiften auf dem Tisch steht, macht
für mich keinen Unterschied.«
Schluck.
Immerhin dürfen Sie damit rechnen, dass Ihnen ein
Mann mit dieser Sicht der Dinge bei der Einrichtung
der gemeinsamen Wohnung völlig freie Hand lassen
wird. Allenfalls will er seine Ferrari-Modelle irgendwo
untergebracht wissen, und für die Devotionalien-
Sammlung seines favorisierten Fußballvereins wird
sich ganz sicher auch noch ein Eckchen finden.
Bei weiblich dominierten Freestyle-Bleiben fragt man
sich hingegen oft, ob da vielleicht Hieronymus Bosch
seine Finger im Spiel hatte, denn anders ist dieses alp-

traumhafte Wimmelbild von Einrichtung schwerlich zu erklären. Kein Wunder, wenn jedes Sperrmüll-Möbelstück vom Straßenrand in die Wohnung geschleppt wird, ganz zu schweigen von Regalen aus Brettern und Backsteinen oder Konservendosen, zu Gardinen umfunktionierten Duschvorhängen und total witzigen und individuellen Behältnissen für die Zimmerpflanzen. Regenbogenbunte Glasperlenvorhänge klimpern in Türöffnungen, großformatige Collagen aus Fotos zieren die farbigen Wände, und überhaupt ist man ungeheuer kreativ und gestaltet die Wohnung ständig um.

Das ehemalige Wohnzimmer kann sich über Nacht ins Schlafzimmer verwandeln, und der gebeutelte Partner hinkt dieser Entwicklung wochenlang hinterher, weil er sich einfach nicht daran gewöhnen kann, dass in seiner ehemaligen Sockenschublade jetzt die Duftkerzenvorräte aufbewahrt werden.

Gegen eine muntere, lebendige Mischung verschiedener Stile in der Einrichtung ist wirklich nichts zu sagen, aber für das Auge des Betrachters, respektive des Mitbewohners, ist es gnädiger, wenn der Freestyle-Künstler nicht allzu viele verschiedene Farben einsetzt. Flimmerkontraste durch den Einsatz diverser Komplementärfarben und unregelmäßig flackernde Lichterketten sind unbedingt zu vermeiden, denn sie führen bei sensiblen Gehirnen umgehend zu schweren epileptischen Anfällen.

Ansonsten kümmern Sie sich nicht darum, was selbsternannte Einrichtungs-Päpste als gerade angesagten Stil proklamieren. Sie mögen schwellende Sofas mit dreihundert Kissen? Sie mögen Pink an der Wand und Holz auf dem Fußboden?

Lassen Sie Ihrer Phantasie freien Lauf. Versuchen Sie, Ihren Partner behutsam einzubeziehen, wenn es an die Einrichtung geht, aber überfordern Sie ihn nicht mit der Bitte, Stoffe für Gardinen oder Tapetenmuster auszusuchen.

Wenn in Ihrer Beziehung ein Durchstyler und eine Freestylerin (oder umgekehrt) vereint sind, sind Diplomatie und Kompromissbereitschaft gefragt. Oder getrennte Wohnungen.

# Leben im Zeitalter des Internets

Internet? Gibt es den Blödsinn etwa immer noch?«, fragt Homer verdutzt in einer Folge der beliebten Zeichentrickserie »The Simpsons«.

Ja, Homer, das Internet gibt es immer noch, auch wenn Ende der sechziger Jahre bei seiner »Erfindung« im Labor des US-Verteidigungsministeriums niemand auch nur im Traum daran gedacht hätte, dass die Optimierung von Datenübertragung jemals kommerziell genutzt werden könnte. Zunächst ging es nur darum, Forschungseinrichtungen und Universitäten zu vernetzen.

Mittlerweile ist es üblich, vor seinem Rechner zu sitzen und elektronische Post zu verschicken, anstatt einen Brief oder eine Karte zu schreiben. Als Erfinder und Versender der allerersten E-Mail gilt Ray Tomlinson, ein Mitarbeiter des Forschungsunternehmens BNN, der Ende 1971 seinen Kollegen über das Netzwerk mitteilte, man könne nun auf diesem Wege Nachrichten verschicken. Die erste jemals in Deutschland empfangene E-Mail ging an einen Herrn Rotert an der Uni Tübingen. Gesendet wurde sie von Laura Breeden, einer Kollegin Roterts aus Cambridge. Herr Rotert bekam die Mail am 3. August 1984, nachdem Mrs. Breeden sie am Tag zuvor abgeschickt hatte.

Die über Fünfzigjährigen unter uns erinnern sich noch

gut an die Zeiten ohne Anrufbeantworter oder Handy und welche Sensation die Erfindung des Faxgerätes bedeutete.

Heutzutage geht man davon aus, dass in Deutschland knapp 70 % aller Erwachsenen über einen Internetanschluss verfügen und einen internetfähigen Rechner zu Hause stehen haben, den sie mehr oder weniger regelmäßig nutzen. Per Internet kann man mit der ganzen Welt kommunizieren, einkaufen oder selbst Waren anbieten, Informationen recherchieren, Online-Spiele spielen, sich die Zeit vertreiben und sich über eigene Homepages hemmungslos selbst präsentieren.

Wie bei vielen anderen Dingen gilt auch hier: Alles kann, nichts muss.

Wenn man allerdings die Welt an seiner Teilnahme am Kampftrink-Wettbewerb oder Miss-Topless-Contest im letzten Mallorca-Urlaub teilhaben lässt, indem man die Fotos davon für jedermann zugänglich ins Netz stellt, sollte man vielleicht nicht vergessen, dass zukünftige Arbeitgeber oder potenzielle Partner eventuell auch über einen Internetzugang verfügen. Sie geben einfach Ihren Namen in eine Suchmaschine ein, drücken auf einen Knopf, und schon wissen sie, wie man total besoffen oder mit Siegerschärpe über den nackten Brüsten aussieht.

## DER COMPUTERFREAK AN IHRER SEITE
### oder
### Wenn der Bildschirm ständig flimmert

Manchmal ist es schön, einen Computerfreak an seiner Seite zu haben, nämlich dann, wenn der eigene Computer nicht so funktionieren will, wie er soll. Sie sind dann in der glücklichen Situation, keinen Computer-Notdienst oder irgendeine Hotline anrufen zu müssen, sondern Sie delegieren das Problem einfach an Ihren Partner, der über Ihre Unfähigkeit zwar milde lächelnd den Kopf schüttelt, den Rechner aber flugs wieder zum Laufen bringt, während Sie in Ruhe ein Käffchen trinken.

Allerdings widmet der klassische Computerfreak leider sein halbes Leben dem surrenden Ding in der Ecke Ihres Wohnzimmers, und Sie können von Glück sagen, wenn er beim World-of-Warcraft-Spielen einen Kopfhörer aufsetzt und Sie das martialische Kampfgeschrei nicht hören müssen. Ihr Partner ist permanent online, damit er auch ja keine E-Mail verpasst, bekommt Dutzende Newsletter pro Tag und gibt darüber hinaus Unsummen dafür aus, der rasend schnellen technischen Entwicklung zu folgen und das »System zu optimieren«.

Sie haben zwar keine Ahnung, was damit gemeint ist, aber das Ding ist danach auf jeden Fall noch schneller als schnell, wozu das auch immer gut sein soll.

Wenn er versucht, Ihnen zu erklären, was er da macht, sind Sie bereits nach dem ersten Satz nicht mehr in der Lage, ihm zu folgen, und wünschen sich verzweifelt

Narkolepsie oder doch wenigstens eine gnädige Ohnmacht herbei.

Immer wieder versuchen Sie, ihm klarzumachen, dass für Sie der Computer einfach nur eine tolle Weiterentwicklung der guten alten elektrischen Schreibmaschine ist und – na ja, zugegeben – auch praktischer ist als ein dickleibiges Konversationslexikon in vierundzwanzig Bänden, wenn Sie rasch eine Information brauchen. Ja, Sie surfen recht gern ein wenig im Internet, vergleichen dort Preise und bestellen vielleicht sogar ein Paar wunderbare Ohrringe bei einer holländischen Schmuckdesignerin, die Sie ohne das World Wide Web niemals entdeckt hätten.

Ihr Partner hingegen braucht irgendwann keine echten Freunde mehr – und damit sind in diesem Fall lebende Menschen gemeint, die man trifft, um Spaß zu haben. Seine Freunde kommen aus aller Welt, bilden einen international zusammengewürfelten Kampftrupp bei seinem Lieblings-Online-Spiel, oder sie treffen sich in Foren, in denen sich Gleichgesinnte austauschen, gegenseitig helfen und Tipps geben. Ein persönliches Treffen wird überflüssig, denn man kann auf seinem Monitor eine kleine Kamera installieren, deren Bild direkt durchs Netz übertragen wird.

Gebieten Sie ihm Einhalt, wenn er eine Homepage für Sie beide bastelt und Ihr gemeinsames Leben in Wort und Bild dort ausbreitet. Nachvollziehbar, wenn es Ihnen unangenehm ist, selbst harmloseste Urlaubsbilder vom Angeln in Norwegen dort präsentiert zu sehen, denn es ist weiß Gott nicht jedermanns Sache, seine Privatsphäre weltweit zur Schau zu stellen.

Wenn Ihr Partner also eine Computer-Macke hat, kann das harmlos sein, solange sie sich nicht zur Sucht entwickelt. Dann sollten Sie ihm jedoch frühzeitig Einhalt gebieten und ihn mal wieder an die frische Luft zerren – um leibhaftige Freunde zu treffen.

## COMPUTERVERWEIGERER
### oder
### »Ich brauche so eine Kiste nicht«

Partner, die sich jeder technischen Weiterentwicklung verweigern, können eine echte Plage sein. Misstrauisch wird Ihr Laptop beäugt und natürlich schon aus Prinzip boykottiert.

»Bist du schon wieder im Internet?«, werden Sie gefragt, sobald Sie Ihren Rechner anwerfen. »Schon wieder«, das hört sich an, als hingen Sie Tag und Nacht vor dem Monitor, dabei wollen Sie dort nur rasch noch etwas nachschauen.

Sie planen zum Beispiel eine Reise per Bundesbahn? Mit drei Mausklicks haben Sie die günstigste Verbindung inklusive aller Informationen, wie und wo Sie umsteigen müssen, herausgefunden. Ihr konsequenter Partner zieht es hingegen vor, in den Wagen zu steigen, zum örtlichen Bahnhof zu fahren und die hinter ihm wartende Schlange derjenigen, die einfach nur eine Fahrkarte kaufen wollen, damit halb zu Tode zu nerven, dass er sich vom Schalterbeamten jede nur denkbare Verbindung heraussuchen und ausdrucken lässt. Natürlich weigert er sich strikt, das Versenden einer

E-Mail auch nur in Erwägung zu ziehen, und bevorzugt die Schneckenpost. Es ist selbstverständlich schön, wenn auch heutzutage zuweilen noch echte Briefe geschrieben werden, und jeder Geburtstagsgruß macht mehr Freude, wenn man einen Umschlag öffnen und die handgeschriebenen netten Worte auf einer Karte lesen kann.

Aber manchmal hat die Schnelligkeit einer E-Mail deutliche Vorteile, und fast jede Firma und jeder Anbieter von Waren aller Art bietet auf der eigenen Homepage die Möglichkeit, Kundenfragen rasch zu beantworten.

Doch davon will Ihr Partner nichts hören.

Wenn er wissen will, wie der vor sich hin mickernde exotische Strauch in Ihrem Garten wieder aufzupäppeln ist, fährt er zum Gärtnereifachbetrieb, um sich dort zu informieren.

»Ich lasse mir doch von dieser blöden Kiste nicht mein Leben bestimmen«, grollt er, wenn Sie das Thema anschneiden. Kein Mensch verlangt das von ihm, denn wie bei vielen anderen Dingen ist auch hier gepflegtes Mittelmaß das Geheimnis.

Versuchen Sie, ihn behutsam an dieses moderne Medium heranzuführen, vielleicht indem Sie ihm zeigen, wie er auf einer der vielen Versteigerungsplattformen das lange gesuchte Exemplar für seine Plattensammlung erstehen kann (denn natürlich hört er Schallplatten und keine CDs). Oder Sie bestellen ihm bei einem Internethändler eine literarische Neuerscheinung, wegen der er bereits mehrmals vergeblich beim Buchhändler war.

Seien Sie sanft und geduldig mit Ihrem Partner, denn am Computer ist er eine Jungfrau, und die haben traditionell Angst vor dem ersten Mal.
Und auch hier gilt: Wenn das erste Mal schön ist, will man mehr ...

# Von Eskimos und Regenwaldbewohnern

**S**ucht man nach einer Definition des Begriffs »Wärme«, so findet man: »Das Gegenteil von Kälte«. Während noch Dutzende Fragezeichen über unserem Köpfchen tanzen, ist der nächste Suchbegriff logischerweise »Kälte«, und wir lesen: »Abwesenheit von Wärme« oder »Subjektiver Zustand vergleichsweise niedriger Temperatur«.

Zack – und schon sind wir beim Kern der Sache.

Die Begriffe »Wärme« und »Kälte« sind zwar im ständigen Gebrauch, aber nicht klar definiert, sondern von subjektivem Erleben abhängig.

Jemand wie Rüdiger »Sir Vival« Nehberg, der schon mal mit einem Tretboot den Atlantik überquert oder sich mitten im brasilianischen Urwald aussetzen lässt, hat mit Sicherheit eine andere Wahrnehmung von Kälte und Wärme als unsereiner. Gleiches gilt für Bergfexe wie Reinhold Messner, die lässig und völlig unbeeindruckt von der Kälte über Achttausender und deren Gletscher zu spazieren scheinen wie wir durch den Stadtpark. Ja – kann man machen, muss man aber nicht.

Natürlich gibt es Möglichkeiten, sich abzuhärten, durch Winterschwimmen zum Beispiel. Sie hacken einfach ein Loch in die Eisdecke des zugefrorenen Flusses vor Ihrer Haustür und hüpfen hinein, machen die Herren Nehberg und Messner bestimmt auch regelmäßig.

Für empfindsamere Gemüter (wobei hier nicht behauptet sein soll, dass die Herren davon grundsätzlich ausgeschlossen sind) empfiehlt sich die Kombination aus Sauna und Kaltwasserbecken oder ausgiebige tägliche Wechselduschen unter der heimischen Brause. Kann man machen, muss man aber nicht, denn abgesehen davon, dass derartige Torturen das Immunsystem stärken sollen, bleibt die spannende Frage, ob dadurch tatsächlich die subjektive Wahrnehmung von Kälte und Wärme verändert wird, ungeklärt.

Merke: Auch einem Bergsteiger, der regelmäßig im Winter schwimmen geht, werden auf dem Nanga Parbat weiterhin die Zehen abfrieren, wenn die Socken nicht dick genug sind.

## HILFE, MEIN PARTNER IST EIN ESKIMO
### oder
### Warum ziehen wir nicht gleich in einen Iglu?

Was ist Gemütlichkeit? Vielleicht ein bequemer Sessel, kuschelige Kissen und ein weiches, einladendes Sofa? Wie – Sie haben das alles, und trotzdem ist es bei Ihnen nicht gemütlich?

Woran könnte das liegen? Um das zu klären, lesen Sie bitte die folgenden Fragen und beantworten sie spontan und wahrheitsgemäß:

* Gehören zu Ihrer Standardkleidung zu Hause dicke Strickjacken und wollene Kniestrümpfe?
* Nutzen Sie im Winter Ihren Arbeitsplatz, um sich dort aufzuwärmen?
* Umklammern Sie, wenn Sie auf dem Sofa sitzen, eine Tasse mit heißem Tee (heißes Wasser gilt auch), um Ihre starren Finger aufzuwärmen?
* Zieren im Winter anmutige Eisblumen die Innenseiten Ihrer Fenster?
* Könnte jede beliebige Arktis-Expedition in Ihrem Heim für den nächsten Ausflug ins ewige Eis trainieren?
* Sehen Sie morgens im Bad Ihren eigenen Atem?

Sollten Sie mehr als drei Fragen mit Ja beantwortet haben, kennen wir den Grund dafür, warum sich bei Ihnen zu Hause Gemütlichkeit nicht so recht einstellen will: Sie sind mit einem Eskimo zusammen. Oder Ihr Partner war in seinem letzten Leben ein Eskimo.

Ist aber auch völlig wurscht, denn Sie frieren sich so oder so den Hintern ab, und die Abwesenheit von Wärme bedeutet fatalerweise und zu Ihrem nachvollziehbaren Leidwesen die totale Abwesenheit von Gemütlichkeit.

Leider reagiert Ihr Partner mit völligem Unverständnis, wenn Sie sich über die geradezu sibirische Kälte in Ihrem gemeinsamen Heim beschweren.

»Kalt?«, ruft er aus. »Hier ist es doch nicht kalt!«

Anklagend halten Sie ihm Ihren Arm unter die Nase, auf dem sich Gänsehaut mit weintraubengroßen Wölbungen gebildet hat.

»Zieh dir doch einfach etwas Wärmeres an, Schatz«, ist die in höchstem Maße unbefriedigende Antwort. Auch Ihr zaghafter Hinweis, dass die Besuche Ihrer gemeinsamen Freunde in der kalten Jahreszeit deutlich zurückgehen, führt nur dazu, dass er auf einen Stapel Wolldecken zeigt, die sich die Besucher ja gefälligst um die Beine schlingen können, wenn sie frieren. Nun haben Sie sich einen gemütlichen Abend auf dem Sofa nicht so vorgestellt, dass Sie in Fellstiefeln, Fäustlingen und arktistauglichem Anorak mit pelzbesetzter Kapuze vor sich hin bibbern. Dabei ist es nicht einmal so, dass Ihr Partner besonders umweltbewusst wäre oder Heizkosten sparen wollte. Nein, er ist schlicht der Ansicht, dass man die Abwesenheit von Wärme durchaus mit der Anwesenheit von mehreren Schichten Kleidung bekämpfen kann.

Sie allerdings finden, dass jede Kleidung ihren angestammten Einsatzbereich hat, und sehen nicht ein, dass ein Outfit, das geeignet wäre, bei zweistelligen Minusgraden einen mehrstündigen Spaziergang durch einen winterlich-verschneiten Wald ohne Erfrierungen zu überstehen, ins Haus gehört.

Am besten präparieren Sie den Heizungsregler. Setzen Sie die 0 an die Stelle der 3 und schicken Sie Ihren Eskimo regelmäßig zum Abkühlen ins Freie. Dann können Sie zu Hause endlich den Poncho ablegen, und Ihr Partner wird zufrieden sein, dass Sie sich nun auch der Natur angepasst haben.

## MANCHE MÖGEN'S HEISS
### oder
### Überlebenstraining im heimischen Regenwald

Hitzewallungen sind, wie allgemein bekannt, oft die kostenlose Zugabe der weiblichen Wechseljahre. Männer kommen auch in die Wechseljahre, aber dann wird es »Midlife Crisis« genannt und geht in der Regel nicht mit Hitzeschüben einher.

Was ist also los, wenn Sie zu jung für die Menopause oder ein Mann sind und trotzdem unter Hitzewallungen leiden? Leiden Sie unter einer schweren Krankheit? Vermutlich nicht. Ernähren Sie sich ausschließlich von Chili-Schoten, indischem Tandoori-Hühnchen und scharf gewürztem thailändischen Essen? Oder leben Sie womöglich mit jemandem zusammen, der permanent sämtliche Heizkörper in Ihrer Wohnung derart bollern lässt, als könnte Wärme ab morgen gesetzlich verboten werden?

Selbst Ihre Katze liegt nicht mehr auf der Fensterbank, seit Ihr Partner bei Ihnen eingezogen ist, denn auf ihr kann man jetzt Spiegeleier braten – auf der Fensterbank selbstverständlich, nicht auf der Katze. In Ihrer Wohnung herrschen die klimatischen Verhältnisse eines tropischen Regenwalds, obwohl Sie keineswegs in dem schmalen Gürtel zwischen zehn Grad südlicher und zehn Grad nördlicher Breite leben, denn nur dort soll er laut Lexikon vorkommen. Die Luftfeuchtigkeit in Ihrer Wohnung spricht eine andere Sprache.

Für Sie ist es ganz normal, dass Sie im Winter auch im

Haus mal ein Paar Socken überziehen, damit Sie es
schön muckelig haben. Ihr Partner allerdings hat den
Anspruch, sommers wie winters im ärmellosen Shirt
und barfuß durchs Haus zu hüpfen. Wenn Sie abends
von der Arbeit kommen, haben Sie nur wenige Minuten Zeit, sich von Ihrer der Jahreszeit angemessenen
Kleidung zu befreien. Brauchen Sie länger, weil Sie
beim Entkleiden vielleicht durch einen Anruf unter-
brochen werden, droht Ihnen der sofortige Kollaps
durch schweren Kreislaufzusammenbruch.
Ihre Fenster sind beschlagen, weil das regelmäßige
Lüften natürlich streng verboten ist. Jeder noch so
kleine Hauch kühler und somit dringend benötigter
frischer Luft führt zu lautstarken Protesten Ihres Partners. Außerdem wickelt er sich sofort in eine dicke
Decke ein und streift Handschuhe über. Ob Sie ihn
umbringen wollen und gern hätten, dass Sie beide
elendig an doppelseitiger Lungenentzündung zugrunde gehen, in den eigenen vier Wänden?
Sie leiden unter schweren Schlafstörungen, weil Ihr
Partner darauf besteht, auch im Schlafzimmer die Heizung anzumachen. Sie benutzen zwar nur ein Bettla-
ken, um sich zuzudecken, aber die schwere, feuchte
Luft verhindert einen erholsamen Schlaf.
Als Ihr Partner einen Kaminofen anschleppt, haben
Sie kurzfristig noch die Hoffnung, dass dieser die Heizung im Wohnzimmer ersetzen soll. Dann erkennen
Sie, dass die Grenze dessen, was Sie ertragen können,
erreicht ist, denn der Ofen wird großzügig mit Holz
befüllt – und die Heizung bleibt heiß wie die Hölle.
Dieser Alptraum aus Feuer und Hitze schickt Sie end-

gültig zu Boden. Sie wissen nicht mehr, was Sie noch ausziehen sollen, um Linderung zu erfahren.

Schwierige Situation, nicht wahr?

Sie lieben Ihren Partner, aber es muss eine Lösung her, zumindest im Sommer. Vielleicht stellen Sie draußen ein kleines Gartenhäuschen auf, in dem Sie während der warmen Jahreszeit die Nächte verbringen. Oder Sie schlafen in der Badewanne und lassen sich von Zeit zu Zeit mit kaltem Wasser berieseln. Auf jeden Fall aber sollten Sie sich mindestens einen Fächer anschaffen, denn das ist die beste kleine Klimaanlage der Welt – und dann klappt's auch wieder mit dem Partner.

# Sofort erledigen
# oder später?

Haben Sie je den Begriff »Prokrastination« gehört? Nein?

Ich erleuchte Sie gern. Der Volksmund hat eine andere Bezeichnung dafür: »Aufschieberitis«. Es handelt sich dabei – Sie ahnen es bereits – um das nur allzu menschliche Phänomen, unangenehme, aber wichtige Dinge immer wieder aufzuschieben, statt sie zu erledigen.

Dafür kann es unterschiedliche Gründe geben. Vielleicht findet man die zu erledigende Pflicht langweilig, oder es mangelt an der nötigen Motivation. Selbst Perfektionismus kann hinderlich sein, da man dann die Aufgabe nicht angehen kann, wenn man nicht in der »richtigen Stimmung« ist und ein unbefriedigendes Ergebnis befürchtet.

Interessant ist, dass den an Aufschieberitis leidenden Menschen durchaus bewusst ist, dass sie sich selbst in Teufels Küche bringen.

Apropos Teufel: Nicht selten geraten die Betroffenen in einen Teufelskreis, denn durch das Setzen von Terminen, die nicht eingehalten werden, entstehen Scham und das Gefühl, versagt zu haben. Das wiederum erhöht den Druck, was zu einer totalen Blockade führen kann.

Wenn es darum geht, die Bügelwäsche zu erledigen oder den Rasen zu mähen, macht es nicht so viel aus, wenn die Erledigung mal ein wenig aufgeschoben wird. Erhöhte Vorsicht ist allerdings geboten, wenn das Lernen für Klausuren, die fristgemäße Abgabe der Steuererklärung oder das Bezahlen von Strafmandaten verschludert wird. Das kann ernste Konsequenzen haben. Die verpatzte Klausur führt vielleicht zu einer Ehrenrunde, die verspätete Steuererklärung zu einem nicht mehr gesprächsbereiten Finanzbeamten und einem leeren Konto, und das nicht bezahlte Strafmandat summiert sich mit der Zeit zum Gegenwert eines Mittelklassewagens.

## MACH ICH MORGEN
### oder
### Wenn der Partner ein Aufschieber ist

»Mach ich später, Schatz!«
Kennen Sie das? Egal, um was es geht, nichts wird umgehend erledigt. Der schon etwas zu hoch gewachsene Rasen kann doch auch bestimmt noch am Wochenende gemäht werden, das Katzenklo ist auch noch nicht sooo arg schmutzig, überfällige Rechnungen werden erst einmal gesammelt, damit sich die Überweisung auch lohnt.
Das kann schon sein, aber vielleicht regnet es am Wochenende, und die dringend nötige Gartenarbeit würde damit buchstäblich ins Wasser fallen. Das unsaubere Katzenklo verbreitet bereits am nächsten Morgen bestialischen Gestank, und verstrichene Fristen unbezahlter Rechnungen kosten Geld.

Sie sind sicherlich kein zwanghafter Mensch, aber Sie wissen, dass es auch Freude bringt, lästige Dinge erledigt zu haben.

Nicht so ihr Partner.

Sie versuchen es auf die sanfte Tour – nichts passiert. Sie erhöhen den Druck, und ihr Partner reagiert genervt. Vielleicht kassieren Sie sogar ein (wahrhaft hassenswertes) »Entspann dich doch mal ein bisschen!«. Gerne doch, aber zu Ihrer Entspannung trägt es wesentlich bei, nicht diesen dämlichen Spruch zu hören, sondern das Summen des Rasenmähers.

Jetzt haben Sie – wie so oft – mehrere Möglichkeiten. Hier sind drei zur Auswahl.

Erstens: Sie bleiben hart und fragen alle zehn Minuten mit freundlicher Stimme, ob er die Aufgabe bereits erledigt hat. Kann sein, dass Ihr Partner entnervt aufgibt und tut, worum Sie ihn bitten. Kann aber auch sein, dass Sie Streit bekommen und er Sie einen zwanghaften Charakter nennt.

Zweitens: Sie geben auf und machen es selbst. Natürlich sind Sie wütend deswegen, zumal Ihr Partner mit an Sicherheit grenzender Wahrscheinlichkeit irgendwann angeschlichen kommt, um kundzutun, er habe sich »gerade« an die Erledigung der Aufgabe machen wollen und verstehe weder, warum Sie ihm zuvorgekommen, noch, warum Sie jetzt sauer sind. Sie hätten doch nur noch ein wenig geduldiger sein müssen.

Drittens: Sie sitzen es aus. Gegen den Gestank aus dem Katzenklo setzen Sie eine Nasenklammer auf und versprühen Fichtennadelduft aus der Dose, bis die Ozonschicht nur noch eine sentimentale Erinnerung ist. Ihr

Rasen kann durchaus urig aussehen, wenn die Wiesenblumen mannshoch gewachsen sind, und Unkraut kann auch recht hübsch sein. Die Tierwelt wird es Ihnen danken.

Aber all das wollen Sie gar nicht, richtig? Sie wünschen sich doch nur jemanden an Ihrer Seite, der … na, was denn? Der versteht, dass Ihnen diese Dinge wichtig sind. Der begreift, dass er den Himmel auf Erden haben könnte, denn wenn Sie glücklich sind … etc. pp. Und schon sind Sie umgeben von Tretminen, denn so kann es nicht funktionieren.

»Morgen, morgen, nur nicht heute, sagen alle faulen Leute.« Den Spruch kennen Sie doch bestimmt. Leider beinhaltet er eine grundsätzlich falsche Information, denn wie wir gelernt haben, ist »Aufschieberitis« nicht zwangsläufig ein Zeichen von Faulheit. Nicht, dass dies ausgeschlossen wäre! Natürlich gibt es faule Menschen, deren Taktik es ist, zu erledigende Dinge so lange nicht anzugehen, bis jemand anderer sich darum kümmert.

Aber gehen wir mal davon aus, dass Ihr Partner nicht so ein Mensch ist, und dann brauchen Sie alle Geduld der Welt. Reden Sie mit ihm, erklären Sie Ihren Standpunkt, hören Sie Ihrem Gegenüber zu, schließen Sie Kompromisse. Kurz: Finden Sie den goldenen Mittelweg.

## DER GROSSE MUSSTURBATOR
### oder
### Wir müssen sofort ...

Es gibt Menschen, die können kaum einen Satz sagen, ohne dass das Wort »muss« darin vorkommt: Ich muss dieses tun, und zwar sofort, dann muss ich jenes erledigen, und vor allem muss ich der ganzen Welt damit dringend auf den Keks gehen.

Psychologen bestätigen, dass viele ihrer Patienten unter diesem Zwang leiden und sich selbst – und ihren Partnern – damit das Leben zur Hölle machen. Diesen Menschen sollte man als Erstes erklären, dass man nur die Dinge tun »muss«, deren Unterlassung tödliche Folgen haben.

Atmen zum Beispiel muss der Mensch, sonst stirbt er relativ schnell. Leuchtet ein, nicht wahr? Eine Umkonditionierung des Patienten ist ganz einfach. Jedes Mal, wenn das Wort »muss« fällt, soll man ihm sagen: »Du mussturbierst schon wieder.« Diskussionen darüber, warum irgendetwas unbedingt sein müsse, soll man gar nicht erst zulassen.

Versuchen Sie doch mal, sich bewusstzumachen, wie oft Sie selbst dieses Wort benutzen, und sagen Sie ab sofort statt »ich muss bis übermorgen XY erledigt haben« lieber »ich möchte gern bis übermorgen ...« – das funktioniert wirklich und nimmt den Druck aus vielen Situationen.

Leider ist Ihrem Partner nicht klar, dass er an einem Zwang leidet, und Sie sind kein Psychologe. Ihr Partner hetzt durch sein Leben wie das weiße Kaninchen aus »Alice im Wunderland«, immer getrieben von der Furcht, mit sich selbst nicht streng genug zu sein.

Das ist nicht zwangsläufig so negativ, wie es sich anhört, zumal, wenn er an einer milden Form dieser Macke leidet. Sie leben in der Sicherheit, dass Rechnungen umgehend bezahlt werden und nicht wochenlang ungeöffnet auf dem Schreibtisch liegen. Dringen komische Geräusche aus dem Motor Ihres Autos, wird Ihr Partner umgehend eine Werkstatt aufsuchen und das Problem beheben lassen. Der Rasen wird nie zu lang werden, das Katzenklo vermutlich niemals stinken.

Sie sollten sich allerdings wehren, wenn er von Ihnen verlangt, ebenfalls zu »mussturbieren«, denn das sollten Sie keinesfalls tun. Sie können ihm mit Humor begegnen, achten Sie aber darauf, dass sich nicht allzu viel Sarkasmus einschleicht. Ihr Partner könnte beleidigt reagieren, wenn Sie auf seine Ansage, der Rasen müsse sofort gemäht werden, flapsig entgegnen: »Und wenn nicht? Kommt dann die Rasenpolizei und verhaftet uns, weil er zu lang ist?«

Auch hier ist – wie bei der Aufschieberitis – der Mittelweg die beste Lösung. Lassen Sie Ihren Partner sein, wie er ist, freuen Sie sich über die prompte Erledigung unangenehmer Aufgaben und lassen Sie ihn spüren, wie sehr Sie sich darüber freuen, dass Sie sich so toll auf ihn verlassen können.

# Couch-Potatoes und Hyperaktive

Tom Iacino, ein Bekannter des amerikanischen Cartoonisten Robert D. Armstrong, hatte Mitte der siebziger Jahre während eines Telefonats die witzige Idee, als Antwort auf den damals allgegenwärtigen Fitnesswahn einen Verein für faule Leute zu gründen, die gern vor dem Fernseher herumhängen und Junkfood essen, statt rohe Möhrchen zu knabbern und täglich zu joggen.

Aus Jux erfanden sie für sich den Namen »Couch-Potatoes«, und Armstrong kreierte die Zeichentrickfigur einer Kartoffel, die vor dem Fernseher auf dem Sofa hockte. Sie bedruckten T-Shirts mit diesem Motiv, es gibt ein Handbuch (»The Official Couch Potatoe Handbook«) und ein Museum (auch online), und 1993 schaffte dieser Begriff, der mittlerweile fest im amerikanischen Wortschatz etabliert war, sogar die Aufnahme ins Oxford English Dictionary, die Bibel der englischen Sprache.

Wir verstehen unter einer Couch-Potato einen Stubenhocker, einen Menschen, dem es an Eigeninitiative mangelt und der jegliche Form von Anstrengung, insbesondere körperliche Aktivitäten, strikt meidet. Als Rollenmodell und Held aller Couch-Potatoes gilt Homer Simpson, die Hauptfigur der schon erwähnten Zeichentrickserie »The Simpsons«. Homer ist faul,

übergewichtig und wird nur aktiv, wenn dies im End-
ergebnis weniger Stress für ihn bedeutet, als bliebe er
untätig – oder wenn es um Essen geht. Er trinkt zu viel
Bier und stopft ständig ungeheure Mengen ungesun-
den Essens in sich hinein.
Der erklärte Feind aller Couch-Potatoes sind Menschen, die sie zu Aktivitäten überreden wollen, womöglich an der frischen Luft.

## WENN DIE COUCH IMMER BESETZT IST
### oder
### Wenn der Partner Wachsfigur spielt

Das Wochenende ist endlich da, und Sie wissen bereits, was auf Sie zukommt. Ihr Partner kommt von
der Arbeit, wirft die Aktentasche in die Ecke und
schlüpft in seinen heißgeliebten Jogginganzug, den
mit dem Gummibund an der Hose. Ironischerweise
hat dieses Outfit nie das erlebt, was seine eigentliche
Bestimmung ist: sportliche Betätigung – es sei denn,
man bezeichnet stundenlanges, bewegungsloses Ver-
harren vor dem Fernseher als Sport. Könnte ja sein,
dass »Vier-Stunden-keinen-Muskel-bewegen« demnächst zu einer olympischen Disziplin erklärt wird –
aber diese Wahrscheinlichkeit ist als ziemlich gering
einzuschätzen. Und falls das doch passieren sollte,
können Sie sich freuen, denn dann hat Ihr Partner die
allerbesten Chancen, eine Goldmedaille für sein Land
zu holen, die er Ihnen vielleicht sogar widmen wird.
Zunächst fanden Sie es sympathisch, dass Ihr Partner

ein häuslicher Typ ist, der es sich gern mit Ihnen vor dem Kamin gemütlich macht und jeder Sauftour mit seinen Kumpeln ein romantisches Abendessen zu zweit vorzieht, das selbstverständlich bei Ihnen zu Hause stattfindet. »Du kochst viel besser als jeder Profikoch, Schatz«, das hört man doch gern, und außerdem spart es Geld.

Wenn Sie etwas unternehmen wollen, ermuntert er Sie, das ruhig zu tun, aber natürlich ohne ihn. Nach einiger Zeit merken Sie, dass Sie praktisch ein Single-Leben führen und dass es in Ihrem Bekanntenkreis Leute gibt, die nicht einmal geahnt haben, dass Sie liiert sind. Ihren Partner Freunden vorstellen zu wollen ist vergebliche Liebesmüh, denn Partys und unnütze Menschenansammlungen sind ihm ein Greuel.

Ganz und gar indiskutabel ist auch die Vorstellung, jemanden in Ihr gemeinsames Heim einzuladen, schließlich müsste er seinen angestammten Platz auf der Couch räumen und sich etwas anderes anziehen. Einen Versuch gab es mal, und Sie erinnern sich mit Schaudern daran. Sein extravaganter Jogginganzug war noch wochenlang Gesprächsthema in Ihrem Freundeskreis, bei dem sich seitdem immer ein leicht mitleidiger Ton in eventuelle Fragen nach dem Stand Ihrer Beziehung einschleicht.

Ihr Partner ist durchaus ein freundlicher und charmanter Mensch, aber seine Couch ist ihm heilig. Für ihn ist es die totale Entspannung nach einer anstrengenden Arbeitswoche, keine Pläne machen zu müssen und müßig durch den Tag zu trödeln.

Sie sind natürlich auch schon seiner Aufforderung gefolgt, Gleiches zu tun, und für einen halben Tag hat es gut funktioniert. Obwohl Sie beileibe kein zwanghafter Bewegungs-Freak sind und die eine oder andere Mußestunde mit einem guten Buch durchaus zu schätzen wissen, hielt es Sie nach ein paar Stunden jedoch nicht mehr in dem weichen Sessel an seiner Seite. Sie mussten sich einfach bewegen, weil Sie das Gefühl hatten, dass langsam, aber sicher jegliches Leben aus Ihnen weicht. Sie schnappten sich Ihr Fahrrad und radelten ohne Ziel durch die Gegend, bis Ihr Gehirn wieder klar denken konnte.

Auch bei dieser Macke sind vorsichtige, kleine Babyschritte anzuraten. Vielleicht können Sie Ihren Partner mal hinaus in den Garten oder auf den Balkon locken. Werfen Sie den Grill an und legen Sie Köstlichkeiten auf den Rost, von denen Sie sicher sind, dass sie Ihren Partner schon allein mit ihrem Duft anlocken. Geben Sie ihm nur dann etwas ab, wenn er sich mit seinem Teller nicht wieder ins Innere des Hauses zurückzieht. Vielleicht gefällt es ihm ja sogar draußen, wer weiß.

Wenn Sie damit Erfolg hatten, steigern Sie langsam den Radius. Ein kleiner Spaziergang um den Block, als Nächstes schlendern Sie vielleicht über einen Flohmarkt oder gehen sogar ins Kino. Nur Mut – und: Niemals aufgeben, denn Sie lieben Ihren Schatz.

## OUTDOOR-AKTIVISTEN
### oder
### Oh mein Gott, die Sonne scheint

Es ist Sonntagmorgen. Sie öffnen die Augen, die Sonne scheint durch die Schlafzimmergardine. Ihnen wäre es lieber, es würde aus Eimern schütten, denn Sie wissen, was jetzt unweigerlich auf Sie zukommt. Outdoor-Aktivität nämlich, und es gibt kein Entrinnen.

Vielleicht fährt Ihr Partner gern Motorrad, kann es aber nicht zu hundert Prozent genießen, wenn Sie nicht hinter ihm sitzen. »Ist doch schön, durch die Landschaft zu gondeln!«, bestimmt Ihr Schatz. Ihr zaghafter Einwand, dass es für Sie kein Genuss ist, wenn Sie sich krampfhaft festkrallen, während die Landschaft als grünbrauner, verschwommener Streifen an Ihnen vorbeizischt, weil Sie die ungünstigere Perspektive haben, wird weggelächelt. Gar nicht zu sprechen davon, dass Sie dieses Lederzeug hassen, und zwar besonders deshalb, weil Sie, am Ausflugsziel angekommen, wie in einer Rüstung unelegant durch die Sommersonne stampfen und schwitzen wie nie zuvor.

Das ist sicherlich ein Extrembeispiel. Sie sind durchaus kein Stubenhocker, im Gegenteil. Sie machen gern Ausflüge, treffen sich mit Freunden oder treiben ein wenig Sport, moderates Radfahren zum Beispiel.

Es ist aber anstrengend, wenn jeder Sonnenstrahl bedeutet, dass kein entspannter Gammel-Tag stattfinden wird, wie Sie sich eigentlich vorgenommen haben. Ihr perfekter Sonntag sollte mit einem duftenden Schaumbad beginnen, dann vielleicht ein ausgedehntes, köstliches Frühstück mit allen Schikanen auf dem Balkon, endlich in Ruhe die Magazine lesen, die Sie bisher nur durchgeblättert haben, ein paar Telefonate am Nachmittag …

»Waaas? Das kannst du machen, wenn es regnet! Los, aufstehen, anziehen, raus an die frische Luft! Wir frühstücken unterwegs!«

Dieses »unterwegs frühstücken« kennen Sie bereits, und Sie verabscheuen es. Nie wissen Sie, wo Sie landen werden, und nicht jede Lokalität bietet die Form von Frühstück an, die Sie mögen. Sicher, Sie bekommen in beinahe jeder gottverlassenen Klitsche ein … nun ja … eine Art von Frühstück, aber ein gummiartiges Brötchen, portionsweise verpackte Marmelade mit abgelaufenem Haltbarkeitsdatum und eine Scheibe Käse, die ihre trockenen Ränder flehend gen Himmel wölbt, zählen nicht zu dem, was Sie sich vorstellen.

Ihr Partner aber genießt es. Unverdrossen mampft er die Frechheit, die man Ihnen serviert, und strahlt Sie selig an.

Genau das macht ihn – geben Sie es zu – unwiderstehlich.

Die Fähigkeit, alles zu einem Vergnügen zu erklären, selbst diesen heruntergekommenen Biergarten, in dem Sie gelandet sind. Für Ihren Partner ist entscheidend, dass Sie gemeinsam unterwegs sind und Zeit miteinander verbringen, nichts auf der Welt ist ihm wichtiger.

Das macht ihn liebenswert, und deshalb lassen Sie sich oft genug dazu überreden, sich von ihm entführen zu lassen. Trotzdem: Das eine oder andere Mal sollten Sie sanft darauf beharren, das zu tun, was Sie gern möchten – und wenn es Nichtstun ist.

# Mein schöner Garten

Von allen berühmten Gärten, die es je gab, dürften der Garten Eden und die Hängenden Gärten der Semiramis ganz weit oben rangieren, was ihren Bekanntheitsgrad betrifft. Ob sie je wirklich existiert haben, weiß man nicht, aber die Hängenden Gärten haben es immerhin unter die sieben Weltwunder der Antike geschafft.

Neue Forschungen haben ergeben, dass nicht Semiramis, um 800 v. Chr. sagenhafte Königin von Babylon (heute: Irak), die Gärten bauen ließ, sondern Nebukadnezar II., der circa 200 Jahre später herrschte. Es heißt, er habe die Gärten, die wahrscheinlich mit Wasser aus dem Euphrat bewässert wurden, für seine Gattin Amyitis anlegen lassen, die aus einer grünen Gegend Persiens stammte und ihre fruchtbare Heimat in der Wüstenlandschaft Babylons vermisste. Überdies sei die Bezeichnung »Hängende Gärten« durch einen Übersetzungsfehler aus dem Griechischen entstanden, denn in Wirklichkeit handelte es sich wohl um üppige Dachgärten auf stufenförmig angeordneten Terrassen, die für das damalige Babylon nicht ungewöhnlich gewesen sein sollen.

Immer schon wurde zwischen Nutzgärten und Lustgärten unterschieden, egal zu welcher Zeit und in welcher Kultur. In Nutzgärten wurden Obst und Gemüse angebaut, Lustgärten dienten der Erholung und bildeten durch künstlich angelegte Bäche, Seen, Hügel und Ebenen oft die umgebende Landschaft im Miniaturformat ab.

Heutzutage reisen die Menschen durch die Welt und lassen sich durch internationale Gartenkunst inspirieren. Wir finden japanische Zen-Gärten in Hamburg, und in jedem dritten Gartenteich schwimmen Koi-Karpfen und Goldfische, zumindest so lange, bis die Reiher-Population der Umgegend die leckeren Snacks entdeckt hat. Die Toskana begegnet uns in einem Schrebergarten in Wuppertal und die traumhaft schönen Gärten der englischen Cotswolds bei einem Fan in Bayern.

Dutzende Magazine helfen uns dabei, unsere Gärten, Balkone und Terrassen zu gestalten und in üppig blühende und grünende Paradiese zu verwandeln – wenn man das will. Einen Garten in Schuss zu halten ist jede Menge Arbeit, sofern man sich keinen Gärtner leisten kann. Immerhin kann man mittlerweile fertigen Rasen in Rollen kaufen, den man wie Teppichboden auslegt. Aber selbst das ist manchen zu viel Arbeit.

## BLOSS KEIN AUFWAND
### oder
### »Lass uns alles betonieren und grün streichen, Liebling«

Nehmen wir an, Sie beziehen mit Ihrem Partner ein Häuschen mit Garten. Ein Garten – endlich! Einer Ihrer sehnlichsten Wünsche geht damit in Erfüllung, und Sie sehen vor Ihrem geistigen Auge nicht den verwahrlosten Urwald, den der Vormieter hinterlassen hat, sondern eine blühende Oase der Schönheit und des Friedens. Die Obstbäume könnten stehen bleiben, die Stachelbeersträucher ebenfalls …

Nicht so Ihr Partner, der Ihnen mit gerunzelter Stirn zuhört, während Sie die zukünftige Gestaltung des Gartens in glühenden Farben schildern.

»Das ist jetzt aber nicht dein Ernst, oder?«, bekommen Sie als Antwort vor den Latz geknallt. »Hast du eine Vorstellung davon, was das kostet und welche Knochenarbeit das ist?«

Natürlich haben Sie das, denn Sie sind ja nicht blöd. Außerdem haben Sie, seit Sie wissen, dass Sie demnächst in den Genuss eines Gartens kommen werden, mehrere Gartenzeitschriften abonniert und diverse Gartenlexika durchgeackert.

»Aber wir sind doch zu zweit, und außerdem macht Gartenarbeit Spaß.«

»Ha – sagt wer?«, ist die knappe Entgegnung, und Sie beginnen zu ahnen, dass die kreative Arbeit in Ihrem kleinen Paradies keinesfalls zu einem gemeinsamen Hobby werden wird.

Und richtig, als es daran geht, den Garten urbar zu machen, stoßen Sie auf Bockigkeit und Widerstand. Jede Fahrt ins Gartencenter wird zur Geduldsprobe, denn Ihr Partner hat null Interesse daran, Ihnen bei der Entscheidung, ob malerischer Blauregen oder eine Kletterrose namens »Coral Dawn« die Pergola auf der Terrasse umranken soll, zu assistieren: »Mir wurscht, Hauptsache, ich muss das welke Zeug nicht wegfegen.«

Ihr Wunsch nach einem Gartenteich wird rundweg abgeschlagen: »Wenn du glaubst, dass ich eine Grube aushebe, damit die Mücken im Wasser ihre Larven ablegen können, hast du dich geschnitten.«

Will er Gemüse aus dem eigenen Garten? Nur, wenn das nicht mit Aufwand verbunden ist. Ein Beet mit Rabatten, eine Markise über der Terrasse, Pampasgras oder Bambus? Achselzucken.

Bei der Frage nach einem gepflasterten Grillplatz allerdings flackert kurzzeitig Interesse auf.

Ja, das könnte ihm gefallen, große Batzen Fleisch auf den Rost zu werfen und mit einer Flasche Bier auf einem Liegestuhl daneben zu liegen. Ob das allerdings auf einer grün bemalten Betonfläche passiert oder ob man dabei von rankenden Rosen, plätschernden Brunnen und exotischen Gräsern umgeben ist – völlig egal.

Seufzend ergeben Sie sich in Ihr Schicksal und machen sich an Ihr Solo-Projekt. Manchmal mäht er den Rasen, aber nur, wenn Sie lange genug nörgeln.

Hier der Tipp: Lassen Sie sich den Spaß an Ihrem Garten nicht verderben und ignorieren Sie das Gemaule Ihres Partners. Spätestens im Sommer, wenn Ihre Freunde Ihren wunderschönen Garten bewundern, wird er stolz auf Sie sein und vielleicht, ja, vielleicht wird er Sie irgendwann sogar bei der Arbeit unterstützen.

# DER GARTENFANATIKER

## oder

## »Im Urlaub gehen wir Gärten gucken«

Gleiche Ausgangssituation: das neue Haus mit Garten. Ihr Partner stürmt nach draußen und ruft: »Super, wir reißen alles raus und bauen den Garten völlig neu auf!« Äh … wie bitte? »Aber die Obstbäume sind gesund …« Ihr Partner winkt ab. »Die Obstbäume kommen raus. Die passen nicht in mein Konzept, jedenfalls nicht an ihrem jetzigen Standort. Ich habe da letztens einen Garten gesehen …«

Er schleift Sie durch Ihr zukünftiges Paradies. »Hier mauern wir eine kleine Ruine und stellen eine Sitzgruppe hin, vielleicht schmiedeeiserne, verschnörkelte Stühle …«, sinniert er laut.

»Hast du jemals auf einem schmiedeeisernen Stuhl gesessen, der bequem war?«, wenden Sie ein und ernten einen strafenden Blick.

»Das soll nicht bequem sein, das soll gut aussehen«, belehrt er Sie und eilt weiter. »Hier legen wir einen Bachlauf an, und dann kommt da so eine japanische Ecke hin, mit Steinlaternen, einer Bogenbrücke und vielleicht einer Pagode …«

Und während er von »Tsukubai« (Wasserbecken) und »Hashi« (Brücken aus Naturstein) faselt, danken Sie innerlich auf Knien, dass der Garten zu klein für ein original japanisches Teehaus ist, und beten, dass er nicht vorhat, eine Kiesfläche anzulegen, die jedes Mal neu geharkt werden muss, wenn eine Katze darübergelaufen ist.

»Oder wir gestalten die Ecke wie in diesem englischen Krimi, den wir letztens gesehen haben! Ein echter Cottage-Garden mit Kletterrosen, Lavendel, Stauden und Kieswegen, das wäre doch schön.«

Stimmt, wäre es, aber wie Sie Ihren Schatz kennen, muss das Haus dann auch mit den Cotswolds-typischen, honigfarbenen Steinen verkleidet werden, damit es auch wirklich authentisch wirkt.

Mittlerweile phantasiert er von drei Meter hohen Buchsbaumfiguren, und Sie erschauern. Natürlich kann man kleine Buxus-Setzlinge für einen Euro das Stück kaufen und einpflanzen, allerdings dauert es gefühlte drei Menschengenerationen, bis die Dinger so weit sind, in Form geschnitten zu werden – und so lange kann man natürlich nicht warten. Das Dumme ist, dass eine fertige, große Skulptur den Gegenwert eines fabrikneuen Kleinwagens hat.

Egal, wofür er sich letztendlich entscheidet, es wird teuer werden. Sehr teuer. Ihr Partner wird sich nicht mit nachgeahmtem Schrott begnügen, sondern die Komponenten seines Gartens aus deren Ursprungsländern importieren. Und Sie werden als Assistentin des großen Gartenbaumeisters Steine schleppen bis zum Umfallen, mit Schubkarren voller Aushub durch den Garten wanken und Ihre nächsten Urlaube damit verbringen, Gärten anderer Fanatiker zu besichtigen. Dort werden Sie Fachsimpeleien lauschen, von denen Sie kein Wort verstehen, weil lässig dahingeworfene, lateinische Pflanzennamen durch die Luft schwirren wie Schmetterlinge, die eine »Buddleja davidii« (Überraschung: Schmetterlingsflieder) umflattern.

Hier gilt: Freuen Sie sich über den Enthusiasmus Ihres Partners, ein wunderschöner Garten wird die Belohnung sein. Obacht ist allerdings geboten, wenn er nach Fertigstellung des Cottage-Gardens doch lieber die japanische Variante hätte und ankündigt, Ihre Lebensversicherung dafür auflösen zu wollen. Dann wird es Zeit, ein Machtwort zu sprechen …

# Der gemeinsame Haushalt

Ende der siebziger Jahre sang die Schauspielerin Johanna von Koczian ein Lied, dessen erste Zeile lautete: »Das bisschen Haushalt macht sich von allein, sagt mein Mann«. Bis zum heutigen Tag hat der Titel nichts an Aktualität eingebüßt, was auch daran zu merken ist, dass im Fernsehen jemand nur einen Putzlappen zur Hand nehmen oder eine Küche betreten muss, und schon erklingt von Koczians Stimme und leiert los: »Das bisschen Haushalt ...« Das sagt sowohl etwas über die mangelnde Phantasie der Redakteure aus, die für die musikalische Untermalung der Bilder zuständig sind, als auch über die Vorliebe der Zuschauer für merkwürdige Fernsehsendungen.

Lange Zeit war der Haushalt eine rein weibliche Domäne. Die Aufgabenverteilung in einer Ehe war klar und wurde nicht hinterfragt: Der Mann verdiente das Geld, und die Frau sorgte dafür, dass er es im gemeinsamen Heim hübsch aufgeräumt und gemütlich hatte. Keiner der beiden pfuschte dem anderen ins Handwerk. Der Mann hatte keine Ahnung, was die Gattin alles zu tun hatte, damit das Essen pünktlich auf dem Tisch stand, der Boden stets gebohnert war und sein Schrank voller gebügelter Hemden hing – und er interessierte sich auch kein Stück dafür. Der Ehrgeiz der Hausfrau bestand darin, dass jederzeit Besuch kommen konnte, ohne dass man sich wegen herumliegender Socken oder ungeputzter Fenster schämen musste.

Umgekehrt verschwand der Mann jeden Morgen in eine unbekannte Welt, und wenn sie nach seinem Tagesablauf fragte, hieß es: »Zerbrich dir nicht dein hübsches Köpfchen.« Selbstverständlich erwartete man von der Hausfrau, dass sie stets adrett gekleidet und ordentlich frisiert war; der schwer arbeitende Ehemann sollte an seinem wohlverdienten Feierabend nicht mit dem Anblick einer Frau belästigt werden, der die Mühen des Tages anzusehen waren, wenn sie ihm die Hausschuhe vor den Fernsehsessel stellte und die samtene Hausjacke reichte.

Gute alte Zeit!

Heutzutage arbeiten die Frauen ebenso schwer wie die Männer, sind nicht selten die Hauptverdiener und haben trotzdem einen Kerl zu Hause hocken, der keinen Finger krumm macht, weil Hausarbeit »Frauensache« ist. Umgekehrt gibt es natürlich auch Damen, die keinen Schrubber und keinen Kochtopf anfassen, weil sie sich beharrlich weigern, sich »patriarchalisch bestimmten Strukturen« zu unterwerfen oder welchen blödsinnigen Grund es auch immer dafür geben mag.

Tatsache ist, dass zu Hause im Laufe der Zeit Unordnung und Dreck entstehen, dass Wäsche von irgendwem gewaschen werden muss, dass Wollmäuse unter dem Sofa nicht von allein verschwinden, dass benutzte Töpfe und Teller sich nicht von alleine spülen – und dass selbst eine Spülmaschine ein- und ausgeräumt werden muss.

Leider ist ein friedliches Zusammenleben so gut wie ausgeschlossen, wenn die Partner unterschiedliche Einstellungen zur Sauberkeit im Allgemeinen und zum Putzen im Besonderen haben. Immer vorausgesetzt, Sie gehören zu der großen Bevölkerungsgruppe, die sich keine Haushälterin leisten kann.

## LEBEN MIT EINEM MESSIE
### oder
### Wenn das Glück im Chaos versinkt

Ist das noch simpler Abfall oder schon eine Installation? Kopfschüttelnd stehen Sie vor dem Schreibtisch Ihres Partners und betrachten die Hügellandschaft aus zerknüllten Zigarettenschachteln, überquellenden Aschenbechern und leeren Energydrink-Plastikflaschen, die sich dort gebildet hat.

Nun ist es eher unwahrscheinlich, dass Ihr Partner über Nacht künstlerische Ambitionen entwickelt hat und plant, in die Fußstapfen eines HA Schult oder eines Urs Lüthi zu treten, um auf diese Weise gegen die Gedankenlosigkeit der heutigen Wegwerf-Gesellschaft zu protestieren. Nein, Ihr Partner ist einfach stinkfaul. Und nicht nur das: Er erwartet noch nicht einmal von Ihnen, dass Sie alles entsorgen, denn es macht ihm leider gar nichts aus, bis zum Kinn im Müll zu sitzen.

Und damit sind wir beim Kernproblem: Sie haben unterschiedliche Auffassungen von Ordnung und Sauberkeit. Nicht, dass Sie ein fanatischer Putzteufel wären, aber seine private Müllkippe in der Ecke Ihres gemeinsamen Wohnzimmers stört Sie ungemein. Ihren Partner aber nicht. Und jetzt?

Diskussionen erübrigen sich, damit vergeuden Sie nur Ihre Energie. Es ist Ihrem Partner egal, ob die Küche aufgeräumt ist oder nicht, zur Not spült er sich eine Tasse aus, wenn er eine benötigt. Wenn Sie in Streik treten, alle herumliegenden Socken ignorieren und abwarten, was passiert, werden Sie eine Überraschung erleben: Ihr Partner kauft sich einfach neue.

Machen Sie sich klar, dass er die Umgebung mit anderen Augen sieht als Sie. Er bemerkt nicht, ob und wann ein Teppich mal wieder gesaugt werden sollte oder ob der Stapel Altpapier schon schwankt und bei der nächsten Zeitung umkippen wird. Dann wird halt ein neuer Stapel gebildet.

Es gibt Partner, die Ihnen vorschlagen, dass Sie einfach sagen sollen, was getan werden muss, und er wird es tun, ganz ohne Murren. Manche Frauen verweigern das strikt, weil sie einen gleichwertigen Partner an Ihrer Seite haben wollen und kein Kind, dem man alles sagen muss. Das ist verständlich, denn die Gefahr, irgendwann vor dem eigenen Partner zu stehen und ihm mit einem Taschentuch, auf das man gespuckt hat, einen kleinen Schmutzfleck von der Wange zu rubbeln, ist groß.

Gleichermaßen frustrierend ist es allerdings, immer darauf zu warten und zu hoffen, dass sich etwas von allein ändert, denn das wird nicht passieren. Wenn Ihr Haus oder Ihre Wohnung groß genug ist, können Sie ihm vielleicht einen eigenen Bereich zuteilen, in dem er schalten und walten kann, wie er will, solange er

verspricht, seine getragenen Socken in den Wäsche-
korb zu legen. Könnte klappen, verlangt von Ihnen
aber Geduld und großes Verhandlungsgeschick. Werfen Sie unbedingt von Zeit zu Zeit einen Blick in den
Raum, damit Sie umgehend den Kammerjäger rufen
können, sobald es darin raschelt und lebt, ohne dass
Ihr Partner zu Hause ist!

## LEBEN MIT EINEM PUTZTEUFEL
### oder
### Der Staubwedel als schicke Armprothese

So unangenehm das Leben mit einem Hobby-Messie
ist, so nervtötend ist es, sich mit einem Putzteufel die
Wohnung zu teilen. Natürlich wird Sie jeder Messie
für einen Putzteufel halten, wenn Sie auch nur einmal
wöchentlich den Staubsauger in die Hand nehmen,
aber davon reden wir selbstverständlich nicht.
Wir meinen die Kategorie, die mit einer ganzen Kol-
lektion von Untersetzern und Tischsets hinter Ihnen
herrennt, damit weder das Glas in Ihrer Hand noch die
Schale mit den Chips irgendeine Spur auf dem gerade
polierten Holztisch hinterlässt. Eigentlich ja ganz
schön, aber alles ist immer gerade geputzt, gewienert
oder poliert und darf weder betreten noch benutzt
werden.
Wenn Sie sich aufs Sofa setzen, kommen die nach einem ausgeklügelten System in Reih und Glied aufge-
stellten Kissen in Unordnung, und versuchen Sie
nicht, die Kissen hinterher selbst wieder zu richten,

denn Sie werden es garantiert falsch machen. Lassen Sie ein aufgeschlagenes Magazin liegen, weil Sie mal kurz den Raum verlassen, werden Sie es bei Ihrer Rückkehr im Zeitungsständer wiederfinden – oder im Altpapier, falls es eines vom letzten Monat ist, denn im Zeitungsständer, der regelmäßig durchsortiert wird, haben nur aktuelle Ausgaben etwas zu suchen. Wenn Sie Raucher sind, wird Ihnen bei jeder ausgedrückten Kippe der Aschenbecher weggerissen und durch einen frischen ersetzt, was im Restaurant ganz angenehm sein kann, zu Hause aber deutlich übertrieben ist.

Stets hat Ihr Putzteufel-Partner eine Sprühflasche mit Reinigungsmittel im Anschlag, und dieses nervtötende »Pffft-pffft«-Sprühgeräusch, das immer Sekunden später ertönt, wenn Sie etwas berührt haben, bringt Sie mit der Zeit dazu, jedes Mal zusammenzuzucken, wenn Ihr Partner neben Ihnen auftaucht.

Sie haben Glück, wenn Sie die allgegenwärtige Putz-teufelei an Ihrer Seite aushalten können, ohne ein schlechtes Gewissen zu entwickeln oder sich zu fühlen wie Pig Pen von den Peanuts (das ist der Knirps, der stets von einer Staubwolke umgeben ist). Unterdrü-cken Sie in jedem Fall den Impuls, extra viel Unord-nung zu produzieren, um Ihren Partner zu ärgern, denn er wird Ihnen schlimmstenfalls Ihr hämisches Feixen mit Sagrotan aus dem Gesicht wischen. Versu-chen Sie einfach, es zu genießen, und rutschen Sie nicht auf dem frisch gebohnerten Fußboden aus.

# Der Streit ums Fernsehprogramm

**B**evor der Fernseher erfunden wurde, war das Radio dafür zuständig, die Menschen darüber auf dem Laufenden zu halten, was los war in der Welt. Vorteil des Radiohörens war (und ist), dass man nicht dazu verdonnert ist, auf einem Sessel zu sitzen und starr in eine Richtung zu gucken – man kann währenddessen die Wohnung putzen, die Garage aufräumen oder Essen kochen.

Anfangs waren Fernsehgeräte so teuer, dass nur wenige sich eines leisten konnten. Das erste Gerät, das 1939 auf den Markt kam, nannte sich »Einheitsempfänger« und kostete 650 Reichsmark. Der Zweite Weltkrieg machte die Pläne, das Gerät im großen Stil zu produzieren, zunichte.

Erst ab dem 25. Dezember 1952 wurde aus Hamburg wieder ein regelmäßiges Fernsehprogramm gesendet, und der erste in Serie hergestellte Fernseher war der Telefunken FE8, der saftige 1000 DM kostete. Obwohl die Preise in den folgenden Jahren langsam, aber stetig sanken, konnten sich lange Zeit nur Wohlhabende ein Gerät leisten. Die erste kabellose Ultraschallfernbedienung gab es übrigens schon 1961 zu einem Nordmende-Gerät – und damit vermutlich auch den ersten Streit um die »Macht«.

Wir hatten damals keinen eigenen Fernseher, und

wenn ich etwas sehen wollte, musste ich bei Oma und Opa klingeln und darum bitten. Natürlich wollte ich jede Woche »Daktari« gucken, aber das lief samstags im ZDF parallel zur »Sportschau«. Logisch, dass mir dieser Wunsch nur allzu selten erfüllt wurde. Allerdings gab ich mich als Kind auch durchaus mit dem »Blauen Bock« zufrieden oder mit der damals sehr populären Ratesendung »Erkennen Sie die Melodie?« – es gab halt nicht viel Auswahl.

Heutzutage sieht das völlig anders aus. Dutzende Sender bieten rund um die Uhr Programm an, und wem das nicht reicht, der setzt sich eine oder mehrere Satellitenschüsseln aufs Dach und kann sich ukrainische Talentshows oder japanische Kochsendungen ansehen, auch wenn er kein Wort versteht. Echten Fernsehjunkies ist es egal, ob ihr Haus aussieht, als könne es außerirdische Signale aus dem entferntesten Ende der Milchstraße empfangen, Hauptsache, sie können sagen: »Ich habe 376 Programme!«

Jedermann kann für sich entscheiden, welchen Stellenwert er dem Fernsehprogramm einräumt. Erst im Zusammenleben stellt sich meist heraus, ob der Mensch an Ihrer Seite die Erfindung des Fernsehens für Teufelswerk hält oder mit dem Fernseher verheiratet ist.

Beides ist gleichermaßen anstrengend.

## DER FERNSEHJUNKIE
### oder
### Wenn die Fernsehzeitung den Tag bestimmt

Wenn man das Fernsehprogramm erst einmal in sein Leben gelassen hat, ist es äußerst schwierig, es wieder daraus zu verbannen. Es wimmelt dort zum Beispiel von fortlaufend erzählten Serien mit höchstem Suchtpotenzial, und wenn man mal ein Auge riskiert hat, ist man rettungslos verloren. Klaus Beimer aus der Lindenstraße zum Beispiel, zu Beginn ein Dreikäsehoch, der unter dem Weihnachtsbaum auf der Blockflöte besinnliche Lieder piepste, ist mittlerweile ein gestandener Mann mit respektabler Wampe, der in zweiter Ehe mit Iffi Zenker verheiratet ist. Woher ich das weiß? Ich bin seit dem Serienstart 1985 dabei, nicht unbedingt jeden Sonntag, aber ich bin auf dem Laufenden, und nicht nur Klausi ist fünfundzwanzig Jahre älter geworden, ich bin es ebenfalls.

Für jedes wie auch immer geartete Interesse bietet das tägliche Fernsehprogramm die passende Sendung – oder auch gleich mehrere. Ihr Partner ist sportbegeistert, liebt Fußball und Autorennen? Herzlichen Glückwunsch, hysterisch schreiende Sportreporter, grölende Fangesänge und kreischende Formel-1-Motoren gehören also zu Ihrem beinahe täglichen Vergnügen. Die Fernsehzeitung, die Sie im Abo beziehen, wird bei ihrer Ankunft akribisch und mit einem grellfarbenen Textmarker bewaffnet Seite für Seite nach entsprechenden Sendungen durchsucht. Sehen Sie es positiv, denn dann wissen Sie schon zwei bis drei Wochen im

Voraus, wann Ihr Partner nicht ansprechbar sein wird und Sie Zeit für sich selbst haben.

Oder Kochsendungen, zurzeit laufen etwa dreißig davon bei verschiedenen Sendern. Sollten Sie oder Ihr Partner also passionierte Hobbyköche sein, haben Sie viel zu tun, wenn Sie sich alles ansehen wollen. Interessanterweise wurde festgestellt, dass sich das Kochverhalten bei den Zuschauern dieser überaus beliebten Programme nicht wesentlich geändert hat. Sie verfolgen zwar begeistert jede Folge, essen aber weiterhin Fast Food, Fertigmenüs aus dem Backofen und Dosensuppen.

Es kann unschön werden, wenn Ihre und die Interessen Ihres Partners meilenweit auseinanderklaffen und Sie nur einen Fernseher besitzen, den im Wohnzimmer nämlich. Vermeintlich kein Problem, könnten Sie sich doch einen zweiten Apparat anschaffen – was allerdings bedeuten könnte, dass Ihr gemeinsames Schlafzimmer ab sofort zur Sportbar erklärt wird, inklusive Getränkekühlschrank neben dem Bett. Alternativ gibt es entweder Festplattenrekorder oder die Möglichkeit, TV-Programme über den Computer zu empfangen und abzuspeichern. Hört sich vielleicht spontan an wie die perfekte Lösung, bedeutet aber nichts weiter, als dass Sie Ihren Partner fortan nur noch vor dem Computer hocken sehen, wo er das Aufgenommene »professionell« bearbeitet, sprich: die Werbung herausschneidet und Ähnliches.

Oder Sie würden die Glotze gern mal ausgeschaltet lassen, um vielleicht einen Abend gemütlich ohne Dauerbeschallung zu verbringen.

»Was? Wir sollen uns unterhalten?«, ruft Ihr Partner entsetzt. »Worüber denn?«

»Wir können ja auch spazieren gehen oder mal wieder ein Brettspiel …«

»Aber heute Abend ist ein total wichtiges UEFA-Cup-Spiel!«

Nun haben Sie keinen Schimmer, was ein UEFA-Cup ist, geschweige denn, um welche Art Spiel es sich handelt. Eishockey? Tennis?

Oder vielleicht Poker, Minigolf oder Fußball?

Ist aber auch egal, denn Tatsache ist, dass es scheinbar wichtiger geworden ist als Sie. Doch machen Sie sich keine Sorgen, zur Not können Sie immer noch beim Staubsaugen zufällig das Fernsehkabel durchtrennen. Ihr Partner wird sehen, wie schön ein Abend doch sein kann, wenn Sie sich gegenseitig Ihre volle Aufmerksamkeit schenken.


## DER FERNSEHPURIST

### oder

### »Privatfernsehen sollte verboten werden!«

Als Sie Ihren Partner kennenlernten, spielte die Wahl des Fernsehprogramms keine Rolle, andere Themen und Freizeitaktivitäten hatten definitiv Vorrang. Natürlich war Ihnen aufgefallen, dass sein Fernseher hinter verschlossenen Türen in einem Schrank stand, aber Sie haben sich nichts dabei gedacht. Mächtig großer Fehler, wie sich herausstellt, als Sie mit ihm zusammenziehen, denn Ihr erster großer Streit dreht sich um die Plazierung des Fernsehers im gemeinsamen Wohnzimmer.

»Ich brauche die Kiste nicht und ich werde mir von ihr nicht diktieren lassen, wohin ich mein Sofa stelle!« Sie sehen das gänzlich anders und laufen zu diplomatischer Höchstform auf, um einen Kompromiss zu finden, mit dem beide zufrieden sind. So weit, so unspektakulär.

In den folgenden Wochen kristallisiert sich rasch heraus, dass Ihr Partner durchaus fernsieht, allerdings ausschließlich Programme, die den Zuschauer bilden. Beispielsweise Dokumentationen – nicht zu verwechseln mit sogenannten »Doku-Soaps«, in denen sich Sechzehnjährige die Brüste vergrößern lassen, weil sie sonst Depressionen bekommen. Nein, gemeint sind Dokumentationen über fernab der Zivilisation lebende Indianerstämme im Orinoco-Delta oder wissenschaftlich fundierte Abhandlungen über den Kierkegaardschen Denkansatz im Vergleich zur spekulativen Philosophie im Geiste Hegels. Allenfalls sind noch politische Talk-Runden erlaubt.

»Was guckst du denn da für einen Schwachsinn?«, ruft er entsetzt aus, als er Sie dabei ertappt, wie Sie mit einer Schüssel Chips auf den Knien »Germany's Next Topmodel« verfolgen.

Die nachfolgende Diskussion ist gleichermaßen ermüdend wie sinnlos – und außerdem drohen Sie zu verpassen, ob Heidi Klum die hysterische, dünne Blonde mit den X-Beinen, die ständig heult, endlich rauswirft. Die erwähnte Sendung ist übrigens lediglich ein Platzhalter. An dieser Stelle ist es egal, ob Sie heimlich gern

»Big Brother« gucken, Prominenten beim Um-die-Wette-Tanzen zusehen oder eine Ihnen selbst unerklärliche Zuneigung zu einer nachmittäglichen Telenovela entwickelt haben – es darf ja schließlich jeder sehen, was er verdammt noch mal will.

»Ich kann mich dabei am besten entspannen«, sagen Sie wahrheitsgemäß und ernten nicht nur Hohngelächter, sondern auch einen nicht enden wollenden Monolog über gezielte Volksverdummung, von oben gelenktes Ruhigstellen der unkritischen Masse im Allgemeinen und galoppierende Verblödung durch regelmäßiges Sehen von nicht näher bezeichnetem Schwachsinn im Besonderen.

Wie Sie ihm hoffentlich feixend mitteilen, sind Sie leider durch Ihre Fernseh-Gewohnheiten bereits derart verdummt, dass Ihr Gehirn nach den ersten zwei Sätzen abgeschaltet hat. Und dann greifen Sie gefälligst zur Fernbedienung und vergewissern sich, ob Heidi Klum die dürre Blonde … Sie wissen schon. Sie haben jedes Recht der Welt dazu.

# Das liebe Geld

Warum heißt es eigentlich »Das *liebe* Geld«? Geld ist nicht lieb. Geld ist auch nicht böse – Geld ist ein notwendiges Übel.

Bevor es Geld im heute üblichen Sinne gab, wurden Waren getauscht. Feuersteine gegen Felle in der Steinzeit, Edelmetall gegen Fleisch, Gewürze gegen lebende Tiere. Auch Salz wurde lange Zeit als Zahlungsmittel benutzt. Wir reden hier nicht von angeblich 200 Millionen Jahre altem, rosafarbenem Salz aus dem Himalaya, das Feinschmeckern für Unsummen aufgeschwatzt wird, sondern von ganz normalem Speisesalz, das der Discounter Ihres Vertrauens für weit unter einem Euro pro Pfund anbietet. Römische Legionäre bekamen einen Teil ihres Lohns in Salz – lateinisch: sal – ausgezahlt, woraus noch heute gebräuchliche Begriffe für Lohn, wie das englische »salary« oder Salär, entstanden sind.

In verschiedenen Kulturen handelte man mit Tee, Muscheln, Kakao, Messern oder Spangen aus Edelmetall; im heutigen Kongo gab es früher bei einem bestimmten Stamm sogar »Stoffgeld«, das nur etwas wert war, wenn der Stoff von einer schwangeren Frau gewebt worden war. Leider zählten auch Menschen mal als Währung, und so soll im 16. Jahrhundert der durchschnittliche Tauschwert eines Sklaven 8000 Pfund Zucker betragen haben.

Angebot und Nachfrage bestimmen den Wert eines Gegenstandes oder einer Handelsware und damit den Preis. Als die ersten Tulpenzwiebeln um 1560 aus dem osmanischen Raum nach Wien gelangten, waren die Menschen fasziniert von der exotischen Blume. Der Leiter des kaiserlichen botanischen Gartens in Wien, Carolus Clusius, führte sie in den Niederlanden ein, als er 1593 eine Professur für Botanik in Leiden annahm. Rasch wurde die Tulpe zum Statussymbol, und ebenso rasch stieg ihr Preis, der endgültig explodierte, als die Nachfrage das Angebot überstieg. Die Zwiebeln wurden zum Spekulationsobjekt, das bei Auktionen versteigert wurde. Irgendwann konnten Optionsscheine für Tulpenzwiebelanteile (!) ersteigert werden, und es ist verbrieft, dass einmal ein großes Haus in Amsterdam gegen drei Tulpenzwiebeln getauscht wurde. Anfang 1637 erzielte eine einzige Zwiebel der Sorte »Semper Augustus« den Preis von 10 000 Gulden. Zum Vergleich: Ein Handwerker verdiente zu dieser Zeit pro Jahr um die 250 Gulden.

Kurze Zeit später brach die Spekulationsblase in sich zusammen, da niemand mehr imstande war, diese absurden Preise zu zahlen. Viele Menschen waren ruiniert, weil der Wert von Tulpenzwiebeln binnen kürzester Zeit ins Bodenlose fiel. Die sogenannte »Große Tulpenmanie« gilt heute als erste gut dokumentierte Spekulationsblase der Wirtschaftsgeschichte. Kaum vorstellbar, wenn man die heutigen Preise für Tulpen sieht!

Münzgeld gibt es seit circa 500 vor Christus, zunächst in China, Griechenland und Kleinasien, dann später im Römischen Reich. China ist auch das erste Land, in dem während der Song-Dynastie (960–1279) Papiergeld gedruckt wurde; die erste Ausgabe von Papiergeld in Europa fand 1483 in Spanien statt.

## LEBEN MIT EINEM GEIZHALS
### oder
### »Stammt mein Partner von Dagobert Duck ab?«

Sparsamkeit ist eine Tugend, und zunächst war es Ihnen bei Ihrem Partner durchaus sympathisch, dass er sein Geld nicht vorne und hinten zum Fenster hinauswarf. Seit Sie zusammenleben und eine gemeinsame Haushaltskasse haben, wird Ihnen jedoch mehr und mehr bewusst, dass der große, böse Bruder der Sparsamkeit bei Ihnen eingezogen ist: der Geiz. Einer der legendärsten Geizhälse ist Dagobert Duck, der unfassbar reiche Onkel von Donald. Er besitzt einen riesigen, randvollen Geldspeicher, in dem er regelmäßig seine heißgeliebten »Talerbäder« nimmt, bei denen er mit einem eleganten Kopfsprung von einem Sprungbrett in die (Geld-)Fluten zu springen pflegt. Gleichzeitig ist er aber stets bemüht, keinen Kreuzer zu viel auszugeben.

Genau wie Ihr Partner.

Beinahe wundern Sie sich, dass er sich nicht einen Hartz-IV-Bescheid fälscht, um in den Genuss kostenfreier Lebensmittel für Bedürftige bei der örtlichen Tafel zu kommen, obwohl – sind Sie da ganz sicher?

Wenn Sie ein neues Möbelstück brauchen, geht es erst einmal zur Diakonie ins Secondhand-Möbelhaus, wenn er nicht schon längst etwas Passendes im Sperrmüll gefunden hat. Jeder Haufen mit altem Zeug am Straßenrand veranlasst ihn zu einer sofortigen Vollbremsung. Erst wird der Müll akribisch durchforstet, während er lautstark darüber monologisiert, wie wenig die Menschen Dinge zu schätzen wissen. Beim siebten ranzigen Gewürzregal, das er in Ihre Küche schleppte, konnten Sie ihn mit dem Hinweis auf die Kosten der Gewürze, mit denen man es bestücken müsste, abschrecken.

Ihr Partner ist ein Füllhorn an Spartipps. Wozu Putzlappen kaufen, wenn man mit alten Schlüpfern ebenso gut polieren kann? Mit gebrauchten Zahnbürsten kann man wunderbar Fliesenfugen reinigen. Wenn beim Kochen ein Spritzer Zitrone benötigt wird, pikst man mit der Stecknadel ein Loch in die Frucht und kann sie so noch mehrmals verwenden. Schneeränder an Lederschuhen entfernt er mit einer halbierten Zwiebel, Ihren Laminatboden sollen Sie mit Ihren alten Nylonstrümpfen putzen, Kerzen und Teelichter bewahrt er in der Gefriertruhe auf, weil sie dann angeblich länger brennen.

Akribisch werden Coupons und Gutscheine gesammelt, und jeder Probierstand im Supermarkt wird von ihm ratzeputz leer gefressen, schließlich lässt sich dank fünfzig Häppchen Brot mit Aufstrich, ein paar Süppchen aus Plastikschnapsgläsern und Käsewürfeln mühelos eine ganze Mahlzeit ersetzen. Sie bemerken durchaus die gerunzelte Stirn der als holländisches

Meisje verkleideten Dame hinter dem Stand und versuchen, Ihren Partner diskret wegzuziehen, aber er bleibt stur und verweist lautstark auf die Tatsache, dass nirgends ein Schild mit der Aufschrift »Jeder Kunde nur ein Stück Käse« hängt.

Ihre Geduld ist allerdings völlig zu Recht schlagartig zu Ende, als er von Ihnen verlangt, die Wattepads zum Abschminken ab sofort mit der Schere zu halbieren und sich Ihren Lidstrich mit einem dünnen Edding zu malen, weil er dann nicht täglich erneuert werden müsse. Da richten Sie sich doch lieber wieder getrennte Konten ein.

## DER GELDVERSCHWENDER
### oder
### Der Krösus an meiner Seite

Der lydische König Krösus (ca. 590–541 v. Chr.) ist besonders für seinen Wohlstand und seine Freigiebigkeit bekannt, und heute ist sein Name zum Synonym für wohlhabende, im Luxus lebende Menschen geworden.

Wichtig ist an dieser Stelle das Wort »wohlhabend«, denn finanzielle Reserven sollten als Grundvoraussetzung zur Verfügung stehen, um Geld nach Lust und Laune verpulvern zu können. Dachten Sie wenigstens. Und Ihnen ist auch klar, dass die Kreditkartenfirma früher oder später echtes Geld von Ihnen sehen will, wenn Sie das Plastikkärtchen lässig gezückt haben. Dieses elementare Wissen scheint an Ihrem Partner gänzlich vorbeigegangen zu sein, denn er führt sich auf, als sei er Pippi Langstrumpf und hätte ihren legendären Lederkoffer voller Goldstücke unter dem Bett.

Wieder einmal hat er ein »unschlagbares Angebot« angeschleppt, diesmal ist es ein pervers großer Flachbildfernseher. Mühsam ächzt er unter der Kiste, in der eine dreiköpfige Familie wohnen könnte, und das nicht einmal allzu beengt.

»Was ist denn mit unserem Fernseher?«, fragen Sie erstaunt, denn Ihnen war bislang nicht aufgefallen, dass dieser defekt war.

Während der nächsten zehn Minuten erfahren Sie, dass die LED-Technik wesentlich besser ist als ein blöder Plasmabildschirm, das neue Gerät eine Bildschirmdiagonale von 138 Zentimetern hat und über mehrere eingebaute Systeme verfügt, die samt und sonders extravagante englische Bezeichnungen aufweisen. Nur vom Preis sagt er kein Wort, also bohren Sie nach, und er nennt ihn.

Schon nach wenigen Minuten erwachen Sie aus Ihrer Ohnmacht, und zwar von Ihrem eigenen entsetzten Kreischen. Ihr Partner hat nämlich über dreitausend Euro verballert, um ein völlig funktionstüchtiges Gerät durch ein überzüchtetes Rennpferd von Superglotze zu ersetzen.

»Spinnst du?«, schreien Sie, als Ihnen klarwird, dass Ihr Partner gerade das mühsam zusammengesparte Urlaubsgeld ausgegeben hat.

»Den kriegen wir nie wieder so billig, der kostet sonst vierhundert Euro mehr!«, sagt Ihr Partner in einem

Ton, als sei damit alles erklärt – und vor allem gerecht-fertigt.

Das sehen Sie allerdings komplett anders, und dieser Spontankauf hat das Fass zum Überlaufen gebracht. Alle Gespräche über sein Verhältnis zu Geld hat er stets breit grinsend mit dem Standardwitz beendet: »Wieso, wenn ich welches brauche, gehe ich zu einer dieser Maschinen, tippe ein paar Nummern ein, und schon kommen Geldscheine raus! Tolle Erfindung!«

Eine noch viel, viel tollere Erfindung sind allerdings getrennte Kassen. Hüten Sie Ihre Ersparnisse mit Ar-gusaugen, damit Ihr Partner nicht bei nächster Gele-genheit auf die Idee kommt, Ihre Lebensversicherung zu Geld zu machen, nur weil es diese phantastische Hochseeyacht, die sonst doppelt so teuer ist ... Sie wis-sen schon.

# Körperertüchtigung

Es gibt unendlich viele Möglichkeiten, Sport zu treiben, ob allein oder in Vereinen mit Gleichgesinnten. Manchmal interessiert sich eine komplette Nation schlagartig für eine bestimmte Sportart, weil jemand international Erfolge feiert.

Als Boris Becker am 7. Juli 1985 – damals gern »der Siebzehnjährige aus Leimen« oder plump-vertraulich »unser Bobbele« genannt – als erster ungesetzter Spieler, als erster Deutscher und gleichzeitig als Jüngster aller Zeiten das weltberühmte Turnier in Wimbledon gewann, konnten sich Deutschlands Tennisvereine vor neuen Mitgliedern kaum retten. Zusätzlich stopften Tausende ehrgeizige Mütter und Väter ihren hoffnungsvollen Nachwuchs, kaum dass dieser »Ball« sagen konnte, in weiße Shorts und Polohemden, drückten ihnen Schläger in die Hand und peitschten sie erbarmungslos über die roten Plätze, immer in der Hoffnung, ein zweites Bobbele gezeugt zu haben. Tennisturniere bescherten den Übertragungen im Fernsehen beinahe so viele Zuschauer wie Fußballspiele der Nationalmannschaft. Außerdem galt Tennis plötzlich nicht mehr als elitäres Vergnügen für reiche Leute, sondern als Sportart, bei der es jedermann durch Ausdauer und hartes Training bis ganz nach oben schaffen könne.

Was den körperlichen Einsatz beim Sport angeht, so

reicht die Bandbreite von stundenlangem, kontemplativem Stillsitzen beim Angeln bis zum schieren Wahnsinn, wenn man sich Extrembergsteigen oder Triathlon ausgesucht hat.

Man kann Sport aus reinem Vergnügen betreiben, weil man sich halt gern an der frischen Luft bewegt, weil der Arzt es empfohlen hat oder weil man damit etwas aussagen will. »Seht her, wie jung und fit und dynamisch ich bin«, oder wie schlank oder durchtrainiert oder unsterblich.

Dieses Gerücht hält sich übrigens hartnäckig: Regelmäßiger Sport verlängert angeblich das Leben. Kann sein, kann aber auch nicht sein. Zu extrem betriebener Sport ist eben doch nicht so gesund, wie der frühe Tod des »Jogging-Papst« genannten James Fixx beweist. Der Verfasser des als Laufbibel gefeierten Buches »The Complete Book of Running« starb 1984 mit nur zweiundfünfzig Jahren an einem Herzinfarkt – beim Joggen, natürlich. »Jogger sterben fitter«, witzelte die *Sunday Times* damals.

Das Blöde ist nämlich, dass unser dummer, dummer Körper Endorphine ausschüttet, wenn er überlastet wird, dem fanatisch Sporttreibenden jede Menge Glücksgefühle und Schmerzfreiheit beschert und gleichzeitig die lebenswichtigen Warnsignale zukleistert. Es ist erwiesen, dass Extremsportler danach süchtig werden und unter schweren Entzugserscheinungen leiden, wenn sie ihren Sport nicht in der gewohnten Weise ausüben können.

Wie bei so vielen anderen Dingen ist also auch hier ein vernünftiges Maß anzustreben, was natürlich für jeden Menschen etwas anderes bedeutet. Der eine empfindet es als sportlich, wenn er alle zwei Tage einen gemütlichen Spaziergang macht, der andere hält sich für stinkfaul, wenn er nicht täglich ein paar Kilometer joggt. Logisch, dass das in Beziehungen zu Konflikten führen kann.

## »SPORT IST MORD«
### oder
### Leben mit einem Sesselsportler

»Ich bin aber nicht besonders sportlich«, hatte Ihr neuer Partner Sie bereits bei Ihrer ersten Begegnung aufgeklärt, und Sie hatten sich innerlich erleichtert imaginären Schweiß von der Stirn gewischt, denn »sportlich« ist gewiss keines der Attribute, mit dem Sie sich zuerst charakterisieren würden, wenn man Sie befragte.

»No sports!«, hatte Winston Churchill einst rigoros verkündet, und daran hat er sich, soweit man weiß, zeitlebens gehalten. Rasch stellen Sie fest, dass Ihr Partner die Wiedergeburt des großen britischen Staatsmannes sein muss, denn er betrachtet es bereits als Sport – und damit eine Zumutung –, sich aus dem Fernsehsessel zu erheben und zum Kühlschrank zu gehen, um sich eine neue Flasche Bier zu holen.

Als Sie vorschlagen, sich Fahrräder anzuschaffen, um gemütlich durch die schöne Landschaft vor den Toren der Stadt zu radeln, besteht er vehement auf ein Rad mit Elektromotor, »aber du kannst dich ja gern abstrampeln, Schatz«. Jeder Vorschlag, nach einem üppigen Mahl ein paar Schritte zu gehen, wird mit dem Spruch »Nach dem Essen sollst du ruh'n oder tausend Schritte tun« beantwortet, und Sie dürfen dreimal raten, für welche der beiden Optionen er sich entscheiden wird. Alles, was ihm auch nur den kleinsten Schweißtropfen auf die Denkerstirn zaubern könnte, ist ihm suspekt.

Nun sind Sie beileibe kein Sportfanatiker, aber ab und zu gehen Sie gern ein paar Bahnen schwimmen (»Du stehst wohl auf Mark Spitz?!«), radeln ein paar Kilometer an blühenden Feldern entlang (»Willst du bei der nächsten Tour de France mitmachen?«) oder lassen Ihr Auto stehen, um kleine Einkäufe zu Fuß zu erledigen (»Trainierst du für einen Marathon?«). Ein Hund wird nicht angeschafft, weil das bedeuten würde, dass man täglich mit dem Tier vor die Tür müsste, es sei denn, »ich habe mit dem Gassigehen nichts zu tun, Schatz«. Blöderweise hatten Sie gehofft, ihn auf diese Weise an die frische Luft locken zu können. Allenfalls ist für ihn vorstellbar, mit dem Auto zur Hundewiese zu fahren, sich dort auf eine Bank zu setzen und dem Vierbeiner beim Toben zuzusehen.

Natürlich hockt er, gern im Jogginganzug, ausgiebig vor der Glotze, um sportliche Großereignisse zu verfolgen, und spart dabei nicht an Kritik. Läufer, die nicht mithalten können, sind lahme Enten, ausgewechselte Fußballspieler werden als unfähige Stümper bezeichnet, und natürlich hält er sich nicht mit guten Ratschlägen und Kommentaren zurück, dass ein wenig mehr Konditionstraining diesem oder jenem ganz sicher nicht schaden würde. Währenddessen balanciert er eine Schüssel mit Tortillachips auf dem einen Knie und eine Müslischale mit Salsa auf dem anderen.

Lautstark träumt er von einem Treppenlift, und am liebsten würde er in einem Elektrorollstuhl durch die Wohnung fahren oder sich in einer Sänfte herumtragen lassen.

Leider ist zu befürchten, dass die totale Verweigerung von Bewegung jeglicher Art irgendwann zu gesundheitlichen Problemen führt. Hier ist also Phantasie gefragt. Locken Sie ihn doch einmal versuchsweise damit, dass am Ende des Spaziergangs oder der kleinen Radtour ein Biergarten auf ihn wartet, wo es die leckersten Schweinshaxen der Welt gibt. Denken Sie sich Köder aus und sparen Sie nicht mit Belohnungen, und wer weiß, vielleicht haben Sie ihm den Churchill-Dämon schneller ausgetrieben, als Sie sich vorstellen können.

## »WER RASTET, DER ROSTET«
### oder
### Wie viele Sportarten passen in eine Woche?

Jede Menge, wie Sie aus leidvoller Erfahrung wissen, denn Ihr Partner hat nur ein Hobby: Sport. Montags wird mit Arbeitskollegen nach Feierabend Squash gespielt, dienstags und donnerstags geht es ins Fitnessstudio, »ein bisschen Eisen biegen und Kondition aufbauen«, mittwochs und freitags wird für den nächsten Halbmarathon trainiert, samstags wartet Ihr hyperaktiver Jack-Russell-Terrier auf sein Agility-Training, und der Sonntagvormittag gehört den Kumpeln, da wird auf der großen Wiese im Stadtpark Fußball gespielt. Selbst die Urlaube stehen ganz unter dem Zeichen sportlicher Betätigung oder werden gleich so geplant, um aktiv an Wettbewerben teilnehmen zu können. Ansonsten stehen auf dem Plan: hochalpine Wandertouren, bei denen Sie sich mit Riesenrucksack und Zelt abschleppen müssen, Strandurlaube, die in endlose Volleyballturniere mit Gleichgesinnten ausarten, oder wahlweise Zugfahrten ins europäische Ausland, um dann die Rückreise von mehreren hundert Kilometern per Fahrrad zurückzulegen. Wenn Ihr Allerwertester hinterher mit einer komplizierten Transplantation durch einen neuen Hintern ersetzt werden muss oder Sie es das nächste halbe Jahr nur mit Hilfe eines aufblasbaren Hämorrhoiden-Sitzrings auf Stühlen aushalten, haben Sie sich das selbst zuzuschreiben – Sie hätten sich ja rechtzeitig eine Hornhaut antrainieren können.

Strengstens wird auf gesunde Ernährung geachtet, und es bedarf unglaublicher Mengen an Milchprodukten, Fleisch und Gemüse, um die durch harte Trainingseinheiten geleerten Energiespeicher wieder aufzufüllen. Ständig ist die Waschmaschine blockiert, weil die durchgeschwitzten Trainingsklamotten bereits am nächsten Tag wieder benötigt werden.

Diese Form von Sportfanatismus ist weder ein rein männliches noch ein weibliches Phänomen, und letztendlich ist es egal, warum der Sportfanatiker an Ihrer Seite so besessen trainiert. Vielleicht eifert er oder sie irgendeinem Schönheitsideal nach, das in einschlägigen Magazinen von durchtrainierten Körpern, die samt und sonders erst am Computer bei der Nachbearbeitung mit Photoshop entstanden sind, suggeriert wird. Oder es wird aus gesundheitlichen Gründen so maßlos übertrieben. Ein allzu durchtrainierter Körper ist nicht mehr schön und fühlt sich vor allem nicht mehr schön an. Wie hat es angeblich Guy Ritchie, der Ex-Gatte von Madonna, so treffend formuliert? Madonna im Arm zu halten sei, als versuche man mit einem »Stück Knorpel« zu kuscheln. Dem gibt es nichts hinzuzufügen.

# Lesestoff

**B**evor es den Buchdruck im heutigen Sinne gab, war und blieb jedes Manuskript oder Schriftstück zunächst ein Unikat. Sollte es vervielfältigt werden – das galt besonders für geistliche und wissenschaftliche Schriften –, setzten sich meist Mönche im Schein flackernder Kerzen an ein Pult und schrieben das Original Buchstabe für Buchstabe ab, und schon nach wenigen Jahren gab es ein zweites Exemplar. Bereits in der Antike waren besonders gebildete Sklaven dafür zuständig, Manuskripte der Wissenschaftler und Gelehrten abzuschreiben, um sie verbreiten zu können.

Eine der berühmtesten Bibliotheken des Altertums ist die von Alexandria, die der Überlieferung zufolge von Ptolemäus II. (308–246 v. Chr.) gegründet wurde. Dort wurde die Literatur aller Völker und Zeiten gesammelt und, falls fremdsprachig, von Gelehrten ins Griechische übersetzt. Die Aufgabe der dort tätigen Philologen bestand darin, die damalige Weltliteratur zu sichten und systematisch zu ordnen. Auch die Manuskripte von Aristoteles sollen zum Bestand der Bibliothek gehört haben. Leider hat Cäsar, als er 46 v. Chr. in Alexandria weilte, um Kleopatra im ptolemäischen Thronkonflikt zu unterstützen, sämtliche seiner Schiffe im Hafen entzünden lassen, damit diese nicht in die Hände seiner Feinde fallen – und das Feuer griff auf die Gebäude der Bibliothek über. Darüber, wie viele der gehorteten Pergamentrollen von den Flammen vernichtet wurden, gibt es widersprüchliche Quellenangaben von Zeitgenossen, aber Tatsache ist, dass die verbrannten Schriften unwiederbringlich verloren waren.

Im Laufe der Zeit wurden für die Vervielfältigung von Texten verschiedene Methoden entwickelt, wie zum Beispiel die Stempeltechnik, die im 13. Jahrhundert die neue Zunft der Formschneider hervorbrachte. Von ihnen wurden Vorlagen aus Metall oder Holz hergestellt, mit denen man ganze Seiten stempeln konnte.

Alles änderte sich, als Johannes zu Gutenberg (eigentlich: Gensfleisch, zu Gutenberg ist der Name seiner Mutter) Mitte des 15. Jahrhunderts den Buchdruck mit einzelnen, beweglichen Lettern erfand, die in einem Kasten gesetzt und dann mittels einer Presse auf Papier gebracht wurden. Eines der ersten von ihm erstellten Druckwerke in einer Auflage von 180 Exemplaren war eine Bibel. Es handelte sich um den Nachdruck der »Vulgata« genannten lateinischen Handschrift des Hieronymus aus dem 4. Jahrhundert, die damals weit verbreitet war. Heute existieren von der »Gutenberg-Bibel« weltweit noch knapp fünfzig Exemplare. 1987 wechselte eines dieser Bücher für 9,75 Millionen DM den Besitzer.

Bis circa 1930 wurden Bücher und Zeitungen auf diese Art gedruckt. Im 20. Jahrhundert wurde die Arbeit des Setzers mechanisiert, dann wurde lange mit dem Offsetdruck gearbeitet.

Heutzutage ist der Digitaldruck auf dem Vormarsch, und praktisch jeder Mensch kann seine literarischen

Ergüsse, oder das, was er dafür hält, ohne großen Aufwand in ein Buch verwandeln.

Fluch oder Segen? Man weiß es nicht.

## DER LITERARISCHE ANALPHABET
### oder
### »Bücher? Braucht kein Mensch!«

Mittlerweile ist die Aussage von Zlatko, eines »Big Brother«-Teilnehmers der allerersten Staffel, legendär, er wisse nicht, wer William Shakespeare sei. »Was ist mit dem Typ?«, fragte Zlatko in seliger Unwissenheit und fuhr fort: »Shakespeare? Muss man den kennen? Den Namen habe ich zwar schon mal gehört, aber was der gemacht hat – keine Ahnung. Ob der Romane geschrieben hat oder ob der in Filmen mitgespielt hat, weiß ich nicht.« Sein Gegenüber, das auch nicht gerade von sich behauptete, sämtliche von Reich-Ranicki empfohlenen Bücher umgehend zu kaufen und zu lesen, war nichtsdestotrotz fassungslos. »Kennst du denn den Hollywoodfilm über Romeo und Julia, den mit Leonardo di Caprio?« Klar, den kannte Zlatko, er hatte sogar das Video zu Hause, aber das hatte er nach zehn Minuten wieder ausgeschaltet, »wegen dem Deppengeschwätz und dem Scheißgelaber«. Und überhaupt, er lese keine Bücher. Und all das war ihm überhaupt nicht peinlich.

Was sagt uns das? Man kann ganz ohne Bücher durchs Leben gehen und kommt sogar ins Fernsehen.

Nun ist Zlatko zwar sicherlich ein Extremfall, aber es

gibt Menschen, die der Ansicht sind, dass Bücher-regale nur Platz wegnehmen. Gehört Ihr Partner auch dazu? Hat er, als er zum ersten Mal in Ihrer Wohnung war, angesichts Ihrer Bücher ehrfürchtig gefragt: »Hast du die etwa alle gelesen?« Die Frage allein ist schon bekloppt genug, aber das Wort »etwa« hätte Ihnen de-finitiv zu denken geben sollen. Wie Sie mittlerweile wissen, denn Ihr Partner hat sich als jemand entpuppt, der freiwillig kein Buch in die Hand nimmt. Und nicht nur das: Er versteht nicht, wie man sich durch Druck-werke ohne Bilder und Sprechblasen ackern kann, ohne dazu gezwungen zu werden. Klar, in der Schule musste man so blöde Sachen von Goethe lesen, oder von Dürrenmatt oder wie der Kerl hieß, aber da Haus-aufgaben sowieso keinen Spaß gemacht haben, ist das Thema Bücher mit dem Abschluss der Schule ein für alle Mal gestorben. Sicher, Magazine werden vielleicht mal durchgeblättert, aber schon die Tageszeitung ver-plempert unnötig Zeit, schließlich erfährt man alles Wichtige, wenn man auf dem Weg zur Arbeit im Auto Radio hört, oder etwa nicht?

Sie versuchen alles Mögliche. Die Bücher von Noah Gordon vielleicht oder einfache Krimis – vergeblich. Über die ersten fünf Seiten kommt er nicht hinaus, dann wird das Buch entnervt in die Ecke gefeuert. Ein Versuch mit Hörbüchern geht schief, weil Ihr Partner regelmäßig nach zehn Minuten eingeschlafen ist, so ermüdend und langweilig findet er das Gequatsche. Comics sind okay, schließlich sind »Asterix«-Bände immer sehr lehrreich, denn »die reden sogar manch-mal Latein«. Auch Bildbände werden gern genommen, besonders die mit den Fotos von schönen, blank polierten Sportwagen. Seufz.

Grämen Sie sich nicht, bestimmt hat er andere Qualitäten. Sie lieben Ihren Partner trotzdem, zumindest solange nicht eines schönen Morgens Ihre geliebten Bücher im Regal durch seine Sammlung von Superhelden-Actionfiguren ersetzt wurde …

## DER KLASSIKER-FANATIKER
### oder
### »Dafür mussten Bäume sterben?«

Es gibt Menschen, die beim Lesen richtig gefordert werden wollen. Leichte Literatur – wenn man das Wort »Literatur« in diesem Zusammenhang überhaupt missbrauchen darf, ohne stracks zur Hölle zu fahren – kommt ihnen nicht vor die Augen, und jeder, der den Tod eines Baumes dafür in Kauf genommen hat, dass dieses oder jenes Machwerk gedruckt werden konnte, gehört in den Knast.

Eine Bekannte erzählte von einem guten Freund, den sie einmal mit zu einer Lesung nahm. Es wurde aus einem Krimi gelesen, der wortwitzig, schnell und zynisch war, und das amüsierte Publikum lachte sich schief. Nicht so besagter Freund. Er erkannte immerhin an, dass die Autorin des Krimis durchaus über ein gewisses Handwerkszeug verfügte, aber ihm persönlich sei es »zu unterhaltsam« gewesen. Äh – wie bitte?, fragte die Bekannte erstaunt nach. Zu unterhaltsam? Wie denn etwas, das zur Unterhaltung der Leser geschaffen worden sei, *zu* unterhaltsam sein könne? Nun, antwortete der Mann, er stünde halt auf richtige Literatur.

Bei der darauf folgenden, überaus hitzigen Diskussion um »richtige« und »falsche« Literatur erfuhr unsere Bekannte immerhin Folgendes: »Richtige« Literatur müsse anstrengend sein, man wolle sich reiben können am geschriebenen Wort und man wolle zum Nachdenken angeregt werden, und ja, manchmal schaffe man nur zwei Seiten pro Tag, weil der Text zu kompliziert sei, um ihn einfach »herunterzulesen«. Und witzig dürfe es schon gleich gar nicht sein, denn das sei total oberflächlich.

So sprach besagter Mann und wandte sich wieder seinem Jahrhundertwerk von Roman zu, an dem er seit fünfzehn Jahren schrieb und von dem immerhin schon fünfundzwanzig Seiten existierten.

Ist Ihr Partner einer von der Sorte, der irgendwann entschieden hat, was »richtige« Literatur ist – und der Rest sind ermordete Bäume? Der nicht verstehen kann, warum Sie sich manchmal einfach nur entführen lassen wollen, gemeinsam mit einem Helden oder einer Heldin lachen, leiden und heulen und dass keine einzige Minute vergeudet ist, solange Sie sich gut unterhalten fühlen?

Tatsache ist, dass die leichte Muse oft darum zu kämpfen hat, anerkannt zu werden, völlig egal, wie virtuos Autor oder Autorin mit Worten zu jonglieren vermag. Und selbst wenn das Handwerk vom Literaturfanatiker (an)erkannt wird, findet er doch noch einen Grund zu nörgeln, denn in seinen Augen ist es eine verdammte Schande, dass dieses Talent so sinnlos vergeudet wird.

Doch da kann man anderer Meinung sein! Schämen Sie sich nicht, wenn Sie renommierte Autoren, die als Klassiker gelten, stinklangweilig finden, denn das ist Ihr gutes Recht. Lassen Sie sich vor allem den Spaß am Lesen nicht vermiesen – und kaufen Sie sich ein eigenes Bücherregal, in das Sie Ihre Lieblingsbücher stellen. Ganz stolz und selbstbewusst, denn alles, was Sie unterhält, hat ein Recht darauf, die Wertschätzung zu erfahren, die es verdient.

# Der fahrbare Untersatz

Als vor circa sechstausend Jahren von mehreren Kulturen parallel das Rad erfunden wurde, war dies ein großer Sprung für die technische Entwicklung. Schnell wurden die ersten Gefährte konstruiert, mit denen sich per Muskelkraft schwere Dinge – und natürlich auch Menschen – transportieren ließen. Bereits um 200 n. Chr. gab es im Römischen Reich Wagen, die sich scheinbar ohne Menschenkraft bewegten, denn die Sklaven, die sich dafür abstrampeln mussten, waren im Inneren verborgen.

Ab dem 15. Jahrhundert experimentierten viele Wissenschaftler an der Konstruktion von Wagen, die auf verschiedene Arten bewegt wurden: mit Hilfe von Segeln durch Windenergie, durch erste Dampfmaschinen mit Kolben und natürlich weiterhin mit Muskelkraft.

In der zweiten Hälfte des 19. Jahrhunderts gab es drei Männer, die unabhängig voneinander Automobile mit Verbrennungsmotoren bauten, und ihre Namen sind heute noch wohlbekannt: Benz, Daimler und Maybach.

Zur ersten Tankstelle der Welt wurde die Stadt-Apotheke in Wiesloch, als Bertha Benz im August 1888 gemeinsam mit ihren Söhnen im »Benz Patent-Motorwagen Nr. 1« die erste Überlandfahrt unternahm, die von Mannheim nach Pforzheim führte. Ihr ging unterwegs das sogenannte Leichtbenzin aus, das nichts anderes war als normales Waschbenzin, das zur chemischen Reinigung benutzt und in Apotheken verkauft wurde.

Erst mit der Fließbandproduktion der amerikanischen Firma Ford begann 1913 die Massenfertigung erschwinglicher Automobile. In Deutschland kam 1924 der Opel 4/12 PS auf den Markt, »Laubfrosch« genannt, da er klein und grün war. Er war ein Nachbau des französischen Citroën 5 CV, und prompt wurde von Citroën ein Plagiatsprozess angestrengt, den Opel jedoch wegen des anders geformten Kühlergrills gewann. Der deutlichste Unterschied war allerdings die Farbe des »Laubfroschs«, denn der 5 CV war kanariengelb lackiert. Ist das der Ursprung der Redewendung »Dasselbe in Grün«? Könnte sein, nicht wahr?

Der »Laubfrosch« kostete bei seiner Markteinführung stolze 4500 Rentenmark, das entsprach dem Wert eines Eigenheims. Nach hunderttausend verkauften Exemplaren sank der Preis 1930 auf weniger als die Hälfte – für die meisten Menschen noch immer unerschwinglich.

Laut statistischer Erfassung des Kraftfahrzeug-Bundesamtes waren am 1. Januar 2009 in Deutschland 41 321 171 Autos angemeldet, nur Personenkraftwagen und Wohnmobile, denn Busse, LKW, Zweiräder und Zugmaschinen werden gesondert gezählt.

Über vierzig Millionen Autos rollen über die deutschen Straßen mit Menschen hinterm Steuer, die ganz unterschiedliche Verhältnisse zu ihrem fahrbaren Untersatz haben. Während Frauen nachgesagt wird, ihr Auto gern mal nach der Farbe auszusuchen, ist es für Männer oft eine Frage der Weltanschauung oder des Prestiges, welche Automarke sie unter dem Hintern haben, und sie sind bereit, dafür auf vieles zu verzichten.

Dass bei Männern die Wahl ihres Autos angeblich gleichzeitig eine Aussage über ihre Potenz machen soll, ist selbstverständlich nur ein böswilliges Gerücht.

## DER FANATISCHE AUTOFREAK
### oder
### »Dich liebe ich auch, Schatz, ehrlich!«

Als Ihr jetziger Partner Sie zum ersten Mal mit dem Auto abholte, waren Sie beeindruckt. Nicht nur, weil Sie noch nie in einem derart sanft schnurrenden Gefährt unterwegs waren, sondern auch, weil sich in dem auf Hochglanz polierten Wagen nicht das geringste Stäubchen finden ließ. Picobello sauber, selbst die Felgen gleißten heller als die Sonne. Natürlich dachten Sie, er wolle ein bisschen angeben und habe sich deshalb besondere Mühe gegeben, aber mittlerweile wissen Sie es besser.

Das Auto ist sein Ein und Alles, und das ist keineswegs übertrieben. Jeden Samstag wird sein Liebling gewaschen, geputzt und gewienert, und zwar von seiner eigenen Hand, denn er misstraut Autowaschanlagen zutiefst. Die Armada der Autopflegemittel, die säuberlich sortiert in der Garage im Regal steht, ist unüberschaubar, von unterschiedlichen Lappen, Bürsten und Poliermaschinen für verschiedene Bereiche des Autos nicht zu reden. War Ihnen vorher bewusst, dass es »Rostradierer« gibt? Nicht, dass er den jemals brauchen wird, aber er steht im Regal. Es gibt spezielle Entferner für die toten Insekten, die nach jeder Fahrt an der Frontscheibe kleben, außerdem Felgenreiniger, Teerentferner, Baumharzentferner, Rostlöser, Motorreiniger, Gummi- und Kunststoffpflege – und all das ist nur für die Außenreinigung!

Auch für den Innenbereich besitzt er diverse Kunststoff-, Gummi- und Lederpflegemittel in Form verschiedener Sprays und Schaumreiniger. Natürlich bedarf auch der Lack besonderer Fürsorge. Selbstredend besitzt er Lackstifte, die Autolack in der Originalfarbe enthalten, aber erst benutzt werden können, nachdem Korrosionsschutz-Grundierung und danach Haftgrund oder Spritzspachtel aufgetragen wurde. So weit, so langweilig. Bei seinen Vorträgen zum Thema hören Sie schon lange nicht mehr hin, auch das gemeinsame Autowaschen in der ersten Phase der Verliebtheit ist längst Vergangenheit, denn Sie sind es leid, beim Polieren mit Argusaugen beobachtet zu werden.

Ärgerlich ist jedoch, dass er seine Freizeit lieber mit seinem Auto verbringt als mit Ihnen. Nicht nur das: Ausflüge und Urlaubsfahrten werden danach geplant, ob seinem lackierten Liebling am Ziel ein Leid geschehen könnte, sei es durch unbefestigte Straßen oder durch die als undisziplinierte Fahrer bekannten Automobilisten des Urlaubslandes.

»Italien? Niemals! Weißt du, wie die fahren?« oder »Das Ferienhaus ist auf dem Land und nur über Schotterpisten zu erreichen? Vergiss es!«

Ständig behauptet er, »merkwürdige Klopfgeräusche« im Motor zu hören, und steuert umgehend die nächste Fachwerkstatt an. Leider hört nur er allein das angebliche Klopfen, aber die Werkstatt schreibt trotzdem gern eine saftige Rechnung für die höchst komplizierte, aber dringend notwendige Komplett-Diagnose, an der natürlich ein Meister und ein halbes Dutzend Auszubildende beteiligt waren. Sie vermuten schon lange, dass der Wagen einfach in die Werkstatt geschoben wird und alle gemütlich ein Käffchen trinken, für das Sie dann knappe dreihundert Euro berappen dürfen.

Natürlich werden nur Neuwagen angeschafft, und zwar im Turnus von zwei Jahren, wobei das »alte« Auto, das ja top gepflegt ist, jeweils in Zahlung gegeben wird. Das ist auch der Grund, weshalb Sie niemals ans Steuer dürfen, denn Sie waren so dumm, ihm von dem kleinen Unfall zu erzählen, der damals passierte, als Sie Ihren Führerschein gerade zwei Tage hatten und beim Einparken eine Laterne touchierten …

Ärgern Sie sich nicht. Sie sollten es genießen, einen Privatchauffeur zu haben, und Sie bei jeder Party, die Sie gemeinsam besuchen, so viele Cocktails trinken können, wie Sie schaffen, ohne vom Stuhl zu fallen. Außerdem werden Sie vermutlich nie mit einem Motor- oder sonstigen Schaden liegenbleiben, denn Ihr Partner ist stets über den Gesundheitszustand seines vierrädrigen Kumpels auf dem Laufenden. Das ist doch auch schön, oder?

## DER AUTOMUFFEL
### oder
### »Hauptsache, das Ding fällt nicht komplett auseinander«

Seit Sie verheiratet sind und ein Auto abgeschafft haben, wissen Sie endlich, wie es ist, in einer rollenden Zeitbombe herumzufahren. Es klappert, es rasselt und es schnauft, und Sie sind keineswegs sicher, ob die defekte Kofferraumklappe, die mit einer Schnur zugebunden ist, dem wachsamen Auge des Gesetzes noch lange entgehen wird.

Das Innere der Familienkutsche sieht aus wie die Müllkippe einer mittleren Kleinstadt, und anhand der zahllosen zusammengeknüllten, im Fußraum aufbewahrten Abschnitte aus Parkautomaten könnten Sie – falls zufällig mal ein Alibi gebraucht wird – lückenlos nachweisen, wo Sie wann während der letzten zwei Jahre waren.

Die »Gelben Engel der Straße« begrüßen Sie mittlerweile per Handschlag und mit Namen, so oft eilten sie Ihnen schon zu Hilfe, was Ihren Partner allerdings überhaupt nicht zu stören scheint. »Dazu haben wir das Ding schließlich«, sagt er grinsend und zieht zum millionsten Mal lässig die Mitgliedskarte aus der Brieftasche, während ein Mann im gelben Overall zum x-ten Mal am Anlasser werkelt. Zu Terminen starten Sie mittlerweile mehr als frühzeitig, denn die Wahrscheinlichkeit, mit Ihrer alten Schrottkarre liegenzubleiben, ist höher als die, reibungslos ans Ziel zu kommen.

Ihre Vorstöße, ein neues – womöglich sogar fabrik-
neues – Gefährt anzuschaffen, werden entweder igno-
riert oder rundweg abgelehnt. »Wir behalten die Kar-
re, bis sie auseinanderfällt. Die Kiste soll uns von A
nach B bringen, mehr nicht.« Dass die Kiste das keineswegs tut, spielt keine Rolle, aber »bisher sind wir
schließlich überall angekommen«. Klar, doch unter
welchen Umständen? Wie oft haben Sie nachts an
dunklen Landstraßen gestanden und auf den Pannen-
notdienst gewartet?
Sie sind zu Recht besorgt um Ihre Sicherheit im Stra-
ßenverkehr, und niemand wird Ihnen verübeln, wenn
Sie hoffen, dass der nächste TÜV-Prüfer die Klapper-
kiste aus dem Verkehr zieht. Haben Sie noch Geduld
bis dahin und bestehen Sie dann darauf, dass endlich
ein vernünftiges Auto angeschafft wird.

# Grobmotoriker und Feinmechaniker

Kaum etwas amüsiert uns mehr, als Tolpatschen beim tolpatschen zuzusehen. Oliver Hardy und Stan Laurel alias »Dick und Doof« werden bis heute vom Publikum tief verehrt und haben schon Generationen durch ihre Ungeschicklichkeit zum Lachen gebracht, wenn sie aus Fenstern fielen, vor Wände liefen oder immer wieder über ihre eigenen Füße stolperten. Natürlich waren die Szenen in Wirklichkeit sorgfältig choreographiert, und es war harte Arbeit und große Schauspielkunst, sie wie zufällig wirken zu lassen.

Auch Loriot spielte den Grobmotoriker virtuos, besonders in seinem Sketch »Das Bild hängt schief«. Jede Wette, dass Sie beim bloßen Gedanken daran schon grinsen müssen, wenn Sie den Sketch kennen. Loriot spielt einen Vertreter, der in einem hübsch eingerichteten Zimmer auf seinen Interessenten wartet. Er bemerkt ein kleines Bild über dem Sofa, das schief hängt, und will es gerade rücken. Dabei stolpert er über den Teppich, reißt Regale und Tische um und Gardinen herunter, fällt auf den Couchtisch und wird unter Büchern begraben. Zum Schluss sieht das Zimmer aus, als hätte eine Horde Teenager zum ersten Mal eine Party ohne erwachsene Aufpasser und mit zu viel Alkohol gefeiert. Es ist ein einziger Trümmerhaufen, aber uns laufen vor Lachen die Tränen herunter. Nebenbei: Loriot war als Perfektionist bekannt, und man mag sich kaum ausmalen, wie lange es gedauert hat, diese knapp dreieinhalb Minuten reinsten Chaos zu inszenieren, bis er selbst mit sich zufrieden war.

So spaßig wir es finden, wie der Butler beim »Dinner for One« über den Kopf des Tigerfells auf dem Fußboden stolpert (nur ganz zum Schluss nicht mehr, als er sinnlos betrunken ist!), so schwer ist das Leben für echte Grobmotoriker, während Feinmechaniker niemals blaue Flecke zu haben scheinen oder sich gar mit ihrem Getränk bekleckern. Für Normalos ist das Zusammenleben mit beiden gleichermaßen schwierig, denn beides muss man aushalten können.

### DER GROBMOTORIKER
#### oder
#### »Wie hast du eigentlich bis jetzt überlebt?«

Wenn bei einem Menschen die Hand-Auge-Koordination unterentwickelt ist, lauern überall Gefahren. Als ich im schon recht fortgeschrittenen Alter von Mitte dreißig meinen Führerschein machte, raufte sich der Fahrlehrer beim rückwärts oder seitwärts Einparken regelmäßig die Haare vor Verzweiflung. »Du wirst die Prüfung niemals schaffen, wenn du das nicht bald kapierst!«, rief er, was ich ziemlich lustig fand. Er hatte übrigens beinahe recht, denn ich brauchte drei Anläufe, um meinen Führerschein zu machen. Zweimal fiel ich spektakulär durch, weil ich allzu lässig mit dem Thema »Augenmaß« umging und harmlos am Straßenrand stehenden Autos beim Ein- bzw. Ausparken die Stoßstangen abgerissen hätte, wenn der Fahrlehrer nicht blitzartig auf die Bremse getreten wäre. Er verstand einfach nicht, warum es bei mir partout nicht klappte, denn er hatte mir doch unzählige Male den Vortrag mit den »Merkpunkten« am Auto erklärt und wann man das Steuer einschlagen müsse, um wie auf Schienen in die Parklücke zu gleiten. Bei meiner dritten Prüfung ließ er mich einfach vorwärts an den Straßenrand fahren, erstaunlicherweise ohne dass der Prüfer meckerte.

Ich kenne die Antwort natürlich: Ich habe keine Hand-Auge-Koordination. Bei mir hängen alle Bilder schief, beim Tapezieren klebt mehr Tapete an mir als an der Wand, und ich muss einen Eimer Farbe nur angucken, um eine Minute später von Kopf bis Fuß eingesaut zu sein. Hätte meine Schwester, eine virtuose Feinmechanikerin, mir nicht bei meiner letzten Renovierung geholfen, würde ich jetzt schluchzend in den Trümmern meiner Wohnung sitzen. Um die Wahrheit zu sagen: Sie hat alles gemacht, und ich habe dämlich danebengestanden, Schrauben angereicht und für die Erfrischungen gesorgt.

Wenn der Grobmotoriker an Ihrer Seite einen Nagel in die Wand hauen will, sieht die ausgewählte Stelle hinterher durch die vielen Fehlversuche nicht nur so aus, als wäre darauf eine Maschinengewehrsalve abgefeuert worden, sondern der geliebte Hobbyhandwerker hat mehrere Wunden an Händen und Kopf. Er wird todsicher derjenige sein, der an einer großen Tafel mit vielen Gästen sein Glas umwirft und Bratensauce aus

der Sauciere quer über das kostbare weiße Damast-
tuch kleckert. Ganz sicher reibt er sich mit dem Finger
durchs Auge, nachdem er Chilischoten geschnitten
hat, und die Wahrscheinlichkeit, dass er der Katze auf
den Schwanz tritt und über den Einkaufskorb fällt,
den er Sekunden vorher selbst mitten in der Küche
abgestellt hat, liegt bei 98 Prozent. Egal, wie breit eine
Türöffnung ist, er rennt vor den Rahmen, egal, wie
dick der Topfhandschuh ist, er verbrennt sich die Finger. Immer hat er kleine Verletzungen, weil er sich geschnitten, gestoßen oder verbrüht hat. Er findet trotz
Stadtplan kein Ziel, weil alles zu spät ist, wenn er im
Kopf abstrahieren muss, ob er rechts oder links abbie-
gen soll, sobald er nicht »von unten«, also aus Lese-
richtung, fährt, sondern »von oben« kommt. Naviga-
tionssysteme sind der reine Segen für Grobmotoriker!
Bestimmt fanden Sie es anfangs richtig süß und rüh-
rend, wenn Ihr Partner einen völlig zerzausten Strauß
Blumen mitbrachte und betrübt gestand, er habe sich
aus Versehen draufgesetzt. Ungeschickte Frauen haben es übrigens leichter als Männer, da Männern traditionell schon aufgrund ihres Geschlechts unterstellt
wird, geschickte Handwerker zu sein.
Sollten Sie glauben, dass sich der Grobmotoriker an
Ihrer Seite absichtlich besonders dämlich anstellt, lassen Sie sich aus berufenem Munde versichern, dass
dies nicht der Fall ist. Wir sind einfach so.

# DER FEINMECHANIKER
## oder
## »Wenn man nur will,
## kann man alles perfekt machen«

Für Grobmotoriker stammen Feinmechaniker aus einem anderen Universum. Sie scheinen andere oder mehr Gehirnregionen zu benutzen, haben statt zwei linker Hände mindestens drei rechte und haben ganz offensichtlich in einem geheimen Astronautencamp der NASA eine Spezialausbildung genossen, die sie dazu befähigen würde, selbst bei Schwerelosigkeit kopfüber durch den luftleeren Raum treibend immer noch zu wissen, wo oben und unten ist, von rechts und links ganz zu schweigen.

Perfekt seitwärts einzuparken ist für sie eine der leichtesten Übungen der Welt, und sie brauchen höchstens einen Versuch dazu. Mühelos bedecken sie Zimmerwände mit großgemusterten Tapeten, ohne dass man hinterher sehen kann, wo eine Bahn aufhört und die nächste anfängt. Mit ihnen zusammen ein Zimmer zu streichen ist eine Tortur, denn sie kontrollieren penibel, ob die Farbe vielleicht irgendwo einen Millimeter dünner aufgetragen ist als im restlichen Raum. »Da oben in der Zimmerecke fehlt noch Farbe«, stellen sie fest und schreiten umgehend zur Tat, um den Fehler auszubügeln. Selbst wenn ein 1000-Watt-Scheinwerfer diese verdammte Ecke ausleuchten würde, wäre Ihnen der Makel nicht aufgefallen. Unnötig zu erwähnen, dass jedes Bild perfekt gerade hängt, als wäre in ihrer Optik eine Wasserwaage eingebaut.

Sie verletzen sich niemals, und sie können von Kopf bis Fuß weiß angezogen sein, ohne dass sie am Ende des Tages auch nur das allerkleinste Fleckchen auf ihrer Kleidung haben. Natürlich können sie nicht alles, aber die Dinge, die sie beherrschen, machen sie perfekt. Und warum? Weil es ihnen wichtig ist.

Improvisation kommt für sie nicht in Frage, und etwas nur »irgendwie zu flicken« ist ihnen ein Greuel. Einen Tischläufer auflegen, um den Kratzer auf der Tischplatte zu kaschieren? Niemals. Abschleifen, grundieren, trocknen lassen, lackieren, trocknen lassen, noch einmal lackieren, wieder trocknen lassen, versiegeln – und das zieht sich über eine geschlagene Woche hin.

Für das Leben mit einem Feinmechaniker brauchen Sie viel Geduld, aber er braucht sie auch, um Ihr »Für mich ist das okay so« auszuhalten. Er ist der Ansicht, dass man alles lernen kann, wenn man nur will. Kann ja sein, aber Sie wollen nicht. Sie sind der Ansicht, dass Sie andere Qualitäten haben, und natürlich haben Sie vollkommen recht damit.

Ein diplomatischer Eiertanz ist das, was Sie erwartet, und eigentlich ist das noch harmlos formuliert. Aber auch hier gilt: Wenn die Liebe groß genug ist, geht alles.

# Von Eulen und Lerchen

Der »Spiegel« veröffentlichte im März 2008 einen Artikel über neue Erkenntnisse in der Chronobiologie. Diese Wissenschaft untersucht die zeitliche Organisation in Verhalten und Physiologie bei Organismen, kurz: Wie sehr bestimmt unser individueller Biorhythmus unseren Tagesablauf?

Und: Wie mächtig ist unsere innere Uhr?

Sehr mächtig, wie die Wissenschaftler feststellten.

Die gute Nachricht: Es ist in der Tat genetisch bedingt, ob jemand Frühaufsteher (»Lerche«) oder Langschläfer (»Eule«) ist. Dieses Forschungsergebnis dürfte für viele Langschläfer ein inneres Laubhüttenfest gewesen sein, denn endlich war wissenschaftlich bewiesen, dass sie keineswegs notorische Faulpelze sind, die sich noch einmal in die weichen Kissen kuscheln, während die Guten schon fleißig sind.

Die schlechte Nachricht: Diese Veranlagung ist nicht umprogrammierbar, durch keinen Trick der Welt. Die innere Uhr ist unbezwingbar.

Damit sind Eulen klar im Nachteil: Die Schule fängt ihretwegen keine Minute später an, und kaum ein Arbeitgeber dürfte sich dafür interessieren, zu welcher Gruppe seine Angestellten gehören. Also quälen die Eulen sich Morgen für Morgen aus dem Bett, brauchen Stunden, um einigermaßen klar im Kopf zu werden, taumeln irgendwie durch den Vormittag und laufen erst ab Mittag zu normaler Form auf. Logisch, dass sie später müde werden als Lerchen, später ins Bett gehen und am nächsten Morgen wieder unausgeruht in den Tag starten müssen. Sich früher ins Bett zu legen nutzt nämlich rein gar nichts.

Es ist übrigens nachweisbar, dass sich die schulischen Leistungen von Eulen-Kindern und -Jugendlichen während der Winterzeit, wenn die Uhren eine Stunde vorgestellt werden, tatsächlich verbessern.

## LEBEN MIT EINER LERCHE
### oder
### »Darf man Schlaftabletten
### heimlich verabreichen?«

»Aufstehen, Schlafmütze! Die Sonne lacht!«
Ist das der Ruf, mit dem Sie traditionell geweckt werden? Wird parallel zu diesen Worten die Schlafzimmergardine aufgerissen, und gleißendes Sonnenlicht flutet herein, ohne dass Sie die Chance hatten, sich zu schützen? Ist die Betthälfte neben Ihnen grundsätzlich verlassen und längst erkaltet, wenn Sie aufwachen?
»Kommst du? Der Frühstückstisch ist gedeckt!«
Murrend steigen Sie aus dem Bett. Eigentlich sind Sie kein Morgenmuffel, nie gewesen, aber selbst Menschen mit »normalem« Biorhythmus kapitulieren irgendwann, wenn sie mit einer echten Lerche zusammenleben.
Sie schlurfen an den Frühstückstisch.

»Der Sonnenaufgang heute Morgen um fünf war wunderbar«, zwitschert Ihre persönliche Lerche munter weiter, »du weißt ja überhaupt nicht, was du verpasst!« Sie schweigen, während Sie darüber nachgrübeln, warum es eigentlich keine Vogelbauer für Menschen gibt, in den Sie Ihren Partner sperren könnten. Und dann würden Sie einfach ein Tuch darüberhängen, damit der Insasse denkt, es sei Nacht, und er würde vielleicht den Schnabel halten … das wäre wundervoll, nicht wahr?

Sie werfen einen Blick auf die Uhr, während Ihr Partner plappert, er habe schon den Wagen gewaschen, das Altpapier entsorgt, den Keller entrümpelt und einige Einkäufe erledigt. Toll. Die Uhr beweist Ihnen, was Sie längst ahnten: Es ist noch keine acht, und Sie fragen sich, warum um Himmels willen Sie am heiligen Samstagmorgen so früh aufstehen müssen.

Eine Lerche hat bei dieser Frage – wenn sie denn ausgesprochen wird – eine Flut von stichhaltigen Argumenten parat.

Eine kleine Auswahl gefällig?

»Die Angebote in Supermärkten sind noch nicht ausverkauft, wenn man morgens der Erste im Geschäft ist.« (Kann ja sein, aber werden Sie in Armut versinken, wenn Sie die Margarine für drei Cent weniger nicht ergattern?)

»Wenn wir frühmorgens in den Urlaub losfahren, sind die Autobahnen noch frei.« (Sicher. Dann stehen Sie halt mit Tausenden weiteren, unheimlich cleveren Frühaufstehern im Stau.)

»Beim Arzt kommt man schneller dran, wenn man

schon vor ihm in der Praxis ist.« (Falsch, weil alle so denken. Die Praxis öffnet offiziell um acht, Sie sind um zehn vor acht da und zu Ihrem Entsetzen die Nummer 17 auf der Patientenliste.)

»Der frühe Vogel fängt den Wurm.« (Vielleicht. Oder er wird vom Angler – der natürlich Frühaufsteher ist – als Erster als Köder verwendet. Außerdem ist der Spruch eine blöde Plattitüde und mindestens genauso dämlich wie »Langes Fädchen, faules Mädchen«!)

Das Zusammenleben mit einer Lerche ist nicht einfach. Die Aufzählung der bereits erledigten Dinge, während Sie noch sanft geschlummert und »den halben Tag vergeudet« haben, ist nicht zwangsläufig als Vorwurf gemeint (allenfalls als leichter Tadel), aber um das auszuhalten, bedarf es einer gewissen Dickfelligkeit, die nicht jeder hat. Einer Lerche fehlt schlicht das Verständnis für jeden, der nicht beim ersten Hahnenschrei aus dem Bett schnellt, aber das kann man ihr nicht wirklich vorwerfen, denn ihre innere Uhr tickt einfach anders.

Lächeln Sie auch am frühen Morgen, freuen Sie sich über die vielen bereits erledigten Dinge. Ist doch super, wenn Sie nicht mehr in die Autowaschanlage fahren müssen oder im Vorratsraum ein Karton mit zwölf Paketen sensationell günstiger Margarine steht. Und kaufen Sie sich Ohrenstöpsel und eine Schlafbrille, das mildert den allmorgendlichen Schock.

## LEBEN MIT EINER »EULE«
### oder
### Nur noch ein Viertelstündchen …

Guten Tag. Mein Name ist Brenda Stumpf, und ich bin eine Eule. Ich gehöre zu denen, die laut gejubelt haben, als die Sache mit dem Langschläfer-Gen bekannt wurde.

In meiner Kindheit führte ich endlose Diskussionen mit meiner Mutter, die übrigens eine waschechte Lerche ist. Jeden Morgen jammerte ich ihr wegen des frühen Schulbeginns die Ohren voll, und die Sonntage waren der reinste Stress, denn ich konnte und wollte nicht aufhören, mich gegen das frühe Wecken um spätestens acht Uhr zu sträuben. Immer wieder sagte sie, es sei ihr größter Wunsch, sich sonntags auch mal an den gedeckten Frühstückstisch zu setzen, aber ich frage Sie: Wann hätte ich aufstehen sollen, um ihr diesen Wunsch zu erfüllen? Um Mitternacht?

Wenn ich mir den Wecker nicht stelle, schlafe ich morgens mindestens bis zehn Uhr. Falls ich früher erwache, kann ich problemlos wieder einschlafen. Wenn ich den Wecker stelle, kann es passieren, dass ich immer wieder im Halbschlaf auf die Schlummertaste drücke – stundenlang. Mein Leben war für knapp zehn Jahre perfekt (zumindest mein Schlafrhythmus war es), als ich in der Szenegastronomie arbeitete: nachts arbeiten, mindestens bis mittags schlafen.

Jetzt arbeite ich freiberuflich und kann selbst entscheiden, wann ich morgens aufstehe. Ich stelle mir den Wecker auf acht Uhr, was für mich praktisch mitten in der Nacht ist. Warum tue ich das? Kann ich Ihnen sagen: Post- und Paketbote kommen um neun, und ich möchte nicht zerzaust im Morgenmantel zur Tür torkeln, wenn sie klingeln. Zwei Katzen, die seit kurzem meine Mitbewohner sind, bewahren mich davor, zu häufig die Schlummertaste zu drücken: Sobald sie merken, dass ich auch nur ein Auge öffne (und sie merken es immer), hopsen sie wie zwei Irre auf dem Bett und auf mir herum, damit ich ihnen Futter gebe. Das kann ich mittlerweile im Halbschlaf. In Beziehungen bin ich ein erklärter Fan von wahlweise getrennten Wohnungen oder zwei Schlafzimmern – selbst dann, wenn mein Partner ebenfalls zum Stamm der Eulen gehört.

Was will ich Ihnen damit sagen?

Wenn Ihr Partner eine Eule ist, versuchen Sie, Verständnis zu haben, denn er kann einfach nicht anders. Ringt er morgens um jede Minute, die er länger im Bett liegen kann, bevor er zur Arbeit muss? Lassen Sie ihn, selbst wenn das zu Lasten dessen geht, was Sie unter einem ordentlichen Frühstück verstehen. Denn auch der Zwang, bereits so früh feste Nahrung zu sich zu nehmen, ist für eine Eule der Horror, glauben Sie mir. Machen Sie den Wocheneinkauf im Supermarkt allein, denn nichts ist schlimmer, als mit jemandem, der schlecht gelaunt im Halbschlaf neben Ihnen her torkelt, die Einkaufsliste abzuarbeiten. Lassen Sie ihn stattdessen später die Einkäufe ins Haus tragen, denn vielleicht ist er sogar schon wach, wenn Sie zurückkehren – er wird es Ihnen danken.

# Das große Finale:
# Paarlauf mit Doppelmacke

**Z**um Schluss beschäftigen wir uns mit der unbestrittenen Königsdisziplin im Macken-Universum: Wenn Paare eine gemeinsame Macke entwickeln, im allgemeinen Sprachgebrauch der Paare daran zu erkennen, dass zwei Individuen sich in ein »Wir« verwandelt haben.

Im großen, bunten Star-Trek-Universum gibt es eine Spezies namens »Borg«, die durchs All reist und andere Rassen assimiliert, die dann ebenfalls zu Borg werden. Das geschieht meist unfreiwillig, aber die Borg dulden keine Gegenwehr. Folgerichtig schnarren sie, wenn sie einen Planeten überfallen, erst einmal »Wir sind Borg! Widerstand ist zwecklos!«, dann werden bei den Bewohnern einige kleine chirurgische Eingriffe vorgenommen, und wenn diese wieder aufwachen, ist ihre Vergangenheit gelöscht. Bei den Borg gibt es keine Individuen, sondern sie bilden einen großen Organismus, das sogenannte Borg-Kollektiv, dessen Einzelkomponenten, also die Ex-Individuen, alle miteinander vernetzt sind. Was einer denkt, denken automatisch alle, was praktisch sein kann, denn das macht vieles im Leben einfacher.
Keine eigenen Entscheidungen mehr treffen müssen – herrlich.

Sie ahnen, worauf wir hinauswollen, vielleicht kennen Sie derartige Borg-Paare ja sogar aus Ihrem Bekanntenkreis?

Kann anstrengend sein, nicht wahr?

Jeder kennt die Theorie, dass Hundebesitzer und ihre geliebten Vierbeiner sich im Laufe der Jahre immer ähnlicher werden. Haben die Jacob Sisters schon immer ausgesehen wie Pudel und sich einfach die passenden Hunde zugelegt, oder war es umgekehrt? Tatsache ist, dass sowohl die Sisters als auch ihre kläffenden Lieblinge klein und quirlig sind und faszinierende, voluminöse Lockengebirge auf ihren Köpfen tragen.

Auch bei (Ehe-)Paaren sieht man häufig, dass die Partner sich erstaunlich ähneln, manchmal sogar als Geschwister durchgehen könnten. Es heißt zwar, Gegensätze würden sich anziehen, aber offensichtlich gibt es Menschen, die ihr Spiegelbild suchen. Vielleicht liegt es daran, dass sie glauben, die eigenen Gene dadurch optimal weitergeben zu können, frei nach dem Motto: Ich bin klein, drahtig und habe glatte, blonde Haare – und meine Kinder sollen auch so aussehen. Also fliegt man auf kleine, drahtige, blonde potenzielle Partner.

Vielleicht war aber auch nur von der Blondierung der Frau noch etwas übrig, und weil man nichts verkommen lassen wollte, wurde der Gatte flugs ebenfalls blondiert.

Selten sieht man Paare, die einen völlig unterschiedlichen Kleidungsstil haben. Wir reden hier nicht von Berufskleidung, denn natürlich können der Bankbeamte im Anzug oder die Chefsekretärin im Business-

Kostüm nach Feierabend gänzlich anders aussehen. Wir meinen Freizeitkleidung. Der Anblick eines Mannes in Nadelstreifen, der in der Disco oder im Biergarten mit einer Punkerin in zerrissenem Schlabberpullover, Netzstrümpfen und Springerstiefeln knutscht, würde uns sicherlich Fragezeichen über den Kopf zaubern. Welche Gemeinsamkeiten mögen die beiden haben, fragen wir uns unwillkürlich, was verbindet dieses Paar? Der Musikgeschmack? Unwahrscheinlich. Haben sie sich vielleicht im gemeinsamen Freundeskreis kennengelernt? Noch unwahrscheinlicher. Vielleicht ein gemeinsames Hobby oder der Sportverein? Haben sie sich vielleicht beim Training für den Halbmarathon getroffen?

Je unterschiedlicher die Partner sind, desto mehr Fragen entstehen offensichtlich beim Umfeld (was, ganz nebenbei, einiges über unsere Vorurteile aussagt, nicht wahr?). Warum hat der dünne Mann eine dicke Frau – oder umgekehrt? Warum ist er kleiner als sie – oder sie nur halb so groß wie er?

Aber bleiben wir bei den Borg-Paaren, bei denen wir auf Anhieb sehen können, dass wir zwei Menschen vor uns haben, die eindeutig zusammengehören.

Warum können wir das sofort erkennen? Ganz einfach: Beide tragen zum Beispiel Bundfaltenjeans, karierte Hemden mit kurzem Arm und praktische Schuhe – im Extremfall das gleiche Modell. Und obendrauf die gleiche Frisur. Unisex-Partnerlook, sozusagen. Dieser Einheitslook wird nicht etwa getragen, weil beide Mitglieder der Trapp-Familie oder einer Comedy-Truppe sind (oder verschollene Jacob Geschwister), sondern weil sie im Laufe der Zeit zu Borg geworden sind.

Diese äußere Ähnlichkeit muss etwas ungeheuer Beruhigendes haben. Nicht nur das: Bestimmte Streitthemen werden dadurch automatisch ausgeschlossen. Kaum vorstellbar, dass die Bundfalten-Frau zu ihrem Bundfalten-Mann sagt: »Woher hast du bloß diese unmögliche Hose? So gehe ich mit dir nicht auf die Straße!« Oder der Minipli-Mann seine Minipli-Frau fragt, ob ihr Friseur unter Drogen stand, als er diese schreckliche Frisur fabriziert hat.

Angesichts dieses Phänomens stellt sich folgende Frage: Hatten die beiden zufällig unabhängig voneinander immer schon eine Vorliebe für Bundfaltenhosen und haben sich deshalb zwangsläufig gefunden oder wurde einer vom anderen assimiliert? Und – falls die zweite Möglichkeit zutrifft – warum hat der Partner, der vielleicht ursprünglich erklärter Fan von Röhrenjeans war, die Assimilierung zugelassen?

Und schon sind wir bei der wichtigsten Frage:

## Wer war zuerst da – der Partner oder die Macke?

Stellen Sie sich vor, Sie wollen mit einem befreundeten Paar ins Kino gehen, und einer der beiden sagt: »Wir mögen aber keine französischen Filme.«

Nun, das kann durchaus sein, denn französische Filme sind nicht jedermanns Sache. Man mag es seltsam finden, dass die Schauspieler immer so ein spitzes Mündchen machen (liegt in der Natur der Sprache), etwas zu oft mit den Achseln zucken und überdurchschnittlich häufig Dinge sagen wie: »Ich verabscheue dich«, um anschließend Sex miteinander zu haben. Sie denken sich also nichts dabei, dass »wir« keine französischen Filme mögen. Zur Sicherheit: Hier soll keinesfalls französische Filmkunst verunglimpft werden, genauso gut ist es möglich, dass »wir« keine Actionfilme (immer diese Ballerei und die endlosen Verfolgungsjagden, schrecklich), Musicals (wer soll denn glauben, dass einander völlig fremde Menschen plötzlich singen und in Formation tanzen?) oder Liebesschnulzen (man weiß ja doch schon am Anfang, dass sie sich am Ende kriegen) mögen.

Dann schlagen Sie vor, nach dem Film noch gemeinsam essen zu gehen, und während Sie die kulinarischen Möglichkeiten diskutieren, geht ein Trommelfeuer von »Wir«-Sätzen auf Sie nieder. »Wir mögen keinen Spargel«, gefolgt von »Wir essen niemals griechisch« und »Wir schätzen deutsche Hausmannskost«. Während Ihnen noch die Ohren klingeln von den vielen »Wir«-Statements, fragen Sie sich, warum Ihnen diese Eigenart an Ihren Freunden vorher nie aufgefallen ist, obwohl dies nicht Ihre erste Begegnung damit ist. Haben Sie vielleicht mal einen Ausflug ans Meer vorgeschlagen und gehört: »Wir mögen das Meer nicht. Wir fahren immer in die Berge«? Erfahren Sie bei jedem nur denkbaren Thema, was »wir« mögen und was nicht?

Und: Ist es immer dieselbe Person, die für beide spricht? Je mehr dieser »Wir«-Statements es gibt –

und es gibt für jeden nur vorstellbaren Lebensbereich mindestens eins –, desto unwahrscheinlicher wird die Zufalls-Theorie. Zufällig verabscheuen beide französische Filme, Spargel, das Meer, farbig gestrichene Wände, ausländische Automarken und griechische Küche?

Kaum vorstellbar, es sei denn, die beiden haben sich über eine Partnervermittlung kennengelernt, nachdem sie vorher ungefähr dreißigtausend Fragen zu ihren Vorlieben und Abneigungen beantwortet haben, um dann den perfekten Partner mit mindestens zwanzigtausend Übereinstimmungen vorgestellt zu bekommen.

Wie also wurde aus zwei Individuen ein Borg-Paar?

Zu dieser Frage gibt es mehrere Theorien.


### Theorie I: Liebe

Der eine Partner liebt den anderen so sehr, dass er alles dafür tut, den Liebsten oder die Liebste glücklich zu machen, ganz einfach.

Dafür wird gern auf französische Filme, farbige Wände oder griechisches Essen verzichtet. Es gibt Menschen, die werden aus Liebe zu Vegetariern, weil der Partner beim bloßen Anblick von Fleisch zu würgen beginnt. Nicht einmal heimlich wird dann noch Fleisch gegessen, weil man es riechen könnte.

So manche Frau wird plötzlich zum Fußballfan, kann aus dem Stand die Abseits-Regel erklären, ist stets im Bilde über Michael Ballacks Probleme mit seiner linken Wade und findet sich im Stadion wieder, wo sie mit Tausenden anderen Fangesänge grölt – nachdem sie Fußball jahrelang für ein Spiel für Volldeppen hielt, die sich um einen kleinen Ball balgen. Aus »Ich finde Fußball stinklangweilig« wurde plötzlich »Wir sind jeden Samstag im Stadion«, bis hin zum unvorteilhaften Fan-Trikot mit Ballack-Namenszug auf dem Rücken – nur aus Liebe.

Und so mancher Mann trainiert sich mühsam einen grünen Daumen an, liest sich durch Dutzende Fachbücher und verbringt seine gesamte Freizeit auf Knien im Garten, weil die Angebetete auf farblich abgestimmte Rabatten-Kompositionen steht.

Romantisch, nicht wahr?

Unter Umständen, allerdings nur so lange, bis der Assimilierte aus seiner Trance erwacht und die chemischen Botenstoffe im Gehirn, die uns verliebt sein lassen, ihre Wirkung verlieren. Im günstigsten Fall passiert das natürlich nie, und die beiden erleben für immer pures Liebesglück – in der Praxis sieht es jedoch meist anders aus ...

## Theorie II: Angst

... oder nennen wir es vielleicht besser »Weg des geringsten Widerstands«, wenn Ihnen das lieber ist.

Nehmen wir noch einmal das Vegetarier-Beispiel, und stellen wir uns vor, der Vegetarier isst nicht nur kein Fleisch, sondern hat gleichzeitig eine Mission. Die Mission nämlich, die ganze Welt zu Vegetariern zu machen, durch Überzeugungsarbeit, die immer und überall zu leisten ist.

Also hat es der ursprünglich Fleisch essende Partner durchaus mit der Angst zu tun; der Angst vor den todsicher folgenden, endlos langen Vorträgen des geliebten Vegetariers nämlich, sobald ein Satz fällt wie: »Eigentlich würde ich gern mal wieder eine Bratwurst essen.« – »Waaas, eine Bratwurst, weißt du eigentlich, dass dafür nur Abfälle verarbeitet werden, und die armen Schweine aus Massentierhaltung, die, wenn sie Glück haben, schon auf der Autobahn im Transporter zum Schlachthof sterben, und überhaupt, du bist, was du isst, und du willst ja wohl kein Schwein sein, und wage es nicht, heimlich Fleisch zu essen, ich rieche das nämlich …«

Also geht man den Weg des geringsten Widerstandes und erspart sich endloses Genörgel und Erpressungsversuche des Partners, wie zum Beispiel: »Wenn du mich wirklich lieben würdest, dann würdest du kein Fleisch mehr essen / keinen Jazz mehr hören / diese olle Jeans wegwerfen / mit mir in den neuen Julia-Roberts-Film gehen.«

»Wenn du mich lieben würdest« – das ist eine echte Gemeinheit. Natürlich wird der Partner geliebt, aber warum verlangt er, dass dies ständig bewiesen wird – und zwar dadurch, dass der andere sich ihm unterordnet?

## Theorie III: Phlegma

Ja, auch das kommt vor.

Jeder Widerstand ist in diesem Fall nicht zwecklos, sondern viel zu mühsam. Einer der beiden Partner will sämtliche Wände der Wohnung dunkelgrün streichen? Soll er doch, ist ja egal. Einer hasst französische Filme? Bitte schön, es gibt genug andere zur Auswahl. Es soll immer in die Berge gehen, wenn der Jahresurlaub ansteht? Gerne doch, Urlaub ist Urlaub. Wozu diskutieren, wozu die eigene Meinung äußern? Viel zu anstrengend.

Doch in dieser Konstellation lauert Gefahr.

Vielleicht ist der bestimmende Part der Beziehung zunächst ganz zufrieden damit, dass der andere sich nie wehrt. Aber vielleicht glaubt der Bestimmer auch eines schönen Morgens, dem anderen völlig gleichgültig zu sein, und dass der Phlegmatiker aus Desinteresse nichts in die Beziehung investiert – und sei es auch nur den Gegenvorschlag, alle Wände knallgelb zu streichen. Oder der Dominierte fühlt sich auf einmal gegängelt und bevormundet, obwohl er nur allzu lang damit völlig zufrieden war.

Ist es erst einmal so weit, ist die über lange Zeit entstandene Schräglage kaum wieder ins Gleichgewicht zu bringen, und selbst die größte Liebe kann daran zerbrechen.

## Die schrecklichste aller Partnermacken:
## Die Partner-Sprache

Alle denkbaren Varianten sind gleichermaßen nervtötend, denn sämtliche anderen Anwesenden sind automatisch ausgeschlossen und müssen sich zudem das
dämliche Gebrabbel anhören.

Wenn das Paar zum Beispiel in den eigenen vier Wänden ausschließlich in Babysprache miteinander kommunizieren möchte, so sei es ihm unbenommen, aber
beim Grillfest mit Freunden ist das nicht nur unangemessen, sondern in höchstem Maße lächerlich.

»Bärchen, Happi fertig!«, quäkt es über den Rasen,
und Bärchen kommt eilig angetrollt.

»Willtu Wursti?«, lautet die nächste Frage, und Bärchen zieht ein lustiges Babygesicht und nickt.

So geht es munter weiter. Man hat sich nicht beim
Sport verletzt, sondern »Aua gemacht«, man schläft
nicht, sondern »macht Bubu«, man geht nicht spazieren, sondern »Teita«, am liebsten mit dem gemeinsamen »Wuffi«. Fast ist man erstaunt, dass die beiden
nicht mit dickem Windelhintern in Strampelanzügen
herumlaufen und normale Dinge essen, anstatt auf
Beißringen zu kauen oder Brei aus kleinen Gläsern zu
löffeln.

Es gibt viele, viele weitere Geheimsprachen. Sie können nur aus Filmzitaten bestehen oder aus Pointen
von Witzen, die nur die beiden kennen. Was ist lustig
daran, wenn einer zum Beispiel dem Partner zuraunt
»Geht doch, Gabi!«, beide vor unstillbarer Heiterkeit
schier heulen müssen und der Rest der Runde am

Tisch stumm dasitzt und keine Ahnung hat, wovon die Rede ist?

Nichts.

»Ihr müsst wissen, das ist ein Insider«, bekommt man augenzwinkernd und kichernd mitgeteilt, aber auch das macht es keinen Deut witziger.

Es ist doch schon anstrengend genug, mit der Macke des eigenen Partners auszukommen, da sollten sich die Macken ganzer Paare doch möglichst in Grenzen halten. Darum gilt hier wie auch in Beziehungen: Bitte nicht mehr Macke als unbedingt nötig.

Dann überdauern nicht nur Beziehungen, sondern auch Freundschaften.

Brenda Stumpf

# Bratkartoffeln für Tina Turner

## Meine wilden Jahre als Backstage-Köchin

1983, das Zeitalter der Föhnwelle hatte gerade begonnen. Brenda Stumpf war 23 und bekam das Angebot, in der angesagten Bochumer »Zeche« als Köchin zu arbeiten. Nichts und niemand hätte sie vorbereiten können auf das, was sie dort erwartete: exzentrische Musiker mit Essenswünschen, die einem das Blut in den Adern gefrieren lassen. Massenschlägereien, bei denen sich die Ordner in ihrer Küche mit Eisenpfannen bewaffneten. Aber sie wurde versöhnt durch Begegnungen mit allem, was damals in der Musikwelt Rang und Namen hatte: von Tina Turner, Joe Cocker über Depeche Mode und Herbert Grönemeyer bis zu den Toten Hosen. In ihrem Buch nimmt sie uns mit auf eine wilde Zeitreise in die achtziger Jahre.

Knaur Taschenbuch Verlag

Clemens Beöthy

# Schnacksel nie mit einem Axel

## Das Liebeslexikon der Vornamen

Auf den Vornamen sollte man achten, wenn man den Partner fürs Leben sucht! Wer eignet sich besser für eine harmonische Beziehung? Jan oder Lukas, Tina oder Laura?

Beziehungscoach Clemens Beöthy hat 100 neue männliche und weibliche Namen analysiert und verrät, wen man sich angeln und von wem man lieber die Finger lassen sollte.

Der Nachfolger des Erfolgsbuchs
*Heirate niemals einen Udo*

Knaur Taschenbuch Verlag